Träume sind geflügelte Wünsche

Benjamin Klein

Träume sind geflügelte Wünsche

REGIATREX-VERLAG

In liebender Achtung für meine Frau,
die mir als eine der Königinnen des Universums
seit über dreißig Jahren meinen Traum vom Leben
und von der Liebe verwirklichen hilft.
Sie ist für mich immer noch ein

T r a u m

1. Auflage 2003
REGIA TREX-VERLAG
Ravensburg

Titelbild: Antonia Petrich
Druck: Kösel, Kempten

ISBN 3-028080-10-5

Die Schöpfung ist der Traum Gottes

Die Erde ist der Traum des Menschen

Die Gegenwart ist der Traum unserer Vorfahren

Die Zukunft formt sich aus unseren Träumen

Träume!

Woran denken Sie dabei? An das, was Sie heute Nacht geträumt haben? Oder dass Sie eh nur selten träumen? Die allermeisten jedenfalls, die mit dem Wort „Traum" konfrontiert werden, denken an den nächtlichen Traum. Ähnlich sieht es aus, wenn Sie die Bücher zum Thema anschauen. In der Wissenschaft, das heißt in der medizinisch-psychologischen Literatur, existiert der Traum eigentlich nur als Traum im Schlafzustand und auch in den vielen hundert Büchern der spirituellen oder esoterischen Literatur überwiegt diese Art bei weitem: Traumanalyse, Traumsymbole, Anleitungen zum Träumen. Nur eine Handvoll sehen auch die andere Seite des Traumes. Und diese Seite wiederum scheint die einzige zu sein, die der Volksmund kennt:

Traumhaft schön, Traumfrau, wie im Traum, so ein Traumtänzer, der Volksmund scheint den nächtlichen Traum geradezu nicht zu kennen. Allenfalls am Rande in seiner negativen Form: Das war der reinste Albtraum! Wenn der Volksmund von Traum spricht, dann meint er eigentlich immer das Träumen im Wachbewusstsein, im Sinne von Vorstellungen, Wünschen, Visionen. Und die Vorsilbe „traum" ist immer die Steigerung von schön! Schön, schöner, am schönsten, traumschön! Warum wohl? Da könnte man ja fast meinen, der Traum im Schlaf sei nur eine Sonderform des Traumes im Wach-Bewusstsein. Nun, ganz so ist es nicht, aber beide haben dieselbe Bedeutung und beide gehören zusammen!

Der Mensch besteht nicht nur aus seinem sichtbaren Körper, auch wenn sich viele nur als solcher empfinden. Wir setzen uns zusammen aus 3 Körpern:

Materieller (sichtbarer) Körper! Das „Ego", „Wach-Bewusstsein" oder „Ich-Bewusstsein" oder auch die „Persönlichkeit". Auch Gehirn, Denken und Intelligenz gehören zum Körper, auch das, was wir „Psyche" nennen, ist eine Funktion des Körpers! Der Körper hat ein eigenes Bewusstsein, das Körperbewusstsein.

Astralkörper (ätherischer Körper)! Das „Traum-Bewusstsein". Er ist ein genaues Abbild des materiellen Körpers, nur dass er nicht aus Fleisch und Blut besteht, sondern aus Energie. Seine Ausstrahlung ist auch als Aura bekannt. Er ist es, der sich normalerweise im Reich der Träume bewegt.

Geistkörper (himmlische Seele)! Er existiert auf einer sehr hohen Schwingungsebene, hat ein umfassendes Wissen, und steht direkt mit unserem Lebensplan in Verbindung. Er ist in unsere Träume nicht direkt involviert, sondern übt eine Art Kontrollfunktion aus.

Es existiert eine fast unübersehbare Namensfülle zu diesem Bereich. Manche kennen die drei Körper aus der ägyptischen Mystik als Khat, Ka und Ba, der Geistkörper heißt oft auch „Mentalkörper" und für einen Eingeweihten war „Vater" nur ein anderes Wort für „Geist". Auch das, was oft als „Höheres Selbst" bezeichnet wird, gehört in diesen Bereich.

Man kennt heute die Phasen des Schlafes, in denen diejenigen Träume ablaufen, an die wir uns erinnern können, wenn wir aufwachen oder geweckt werden. Man nennt sie REM-Phasen, weil wir intensiv unsere Augen bewegen. (Ein bedeutender Teil der Traumarbeit spielt sich allerdings so weit im „Unbewussten" ab, dass unser Wach-Bewusstsein gar keine Erinnerung daran hat.) Offensichtlich sind unsere „bewussten" Träume keine rein geistige Angelegenheit, sondern beziehen Körper und Körpersinne mit ein, vor allem das Visuelle, das Sehen. Bei jedem von uns kommen solche Phasen mehrmals in der Nacht vor. Wenn man nun jemanden immer zu Beginn dieser Phasen aufweckt, ihn aber ansonsten die ganze Nacht schlafen lässt, also nur seine aktiven Traumphasen unterbricht, dann hält er das nur wenige Tage durch. Er wird gereizt, nervös, bekommt Halluzinationen und dreht schließlich total durch. Halluzinationen sind aber nichts anderes als - allerdings meist nicht beherrschbare - Träume im Wachzustand. Sie können auch durch Drogen und Rauschmittel ausgelöst werden. Der Traum hat eine so wichtige Funktion, dass wir ohne ihn nicht lebensfähig sind. Er ist so wichtig wie Essen und Trinken, und wie es der Volksmund schon immer sieht: Er ist eine überaus positive Angelegenheit. Und wir werden sehen, selbst dann, wenn er uns als Albtraum erscheint.

Zu sehr frühen Zeiten verlief das ganze Leben mehr oder weniger traumähnlich. Die Aborigines, die australischen Ureinwohner, haben eine sehr detaillierte Überlieferung, und nennen diese Zeit „Traumzeit". Es war eine im heutigen Sinn wenig reale Welt. Sie glich mehr einem Ameisenstaat, wo ein großer Organismus aus vielen Unterindividuen besteht, die sich aber selbst nur als Teil des Ganzen verstehen. Es gab nur sehr wenig Entscheidungsmöglichkeiten und nahezu keinen Freiraum für den Einzelnen, der Einzelne hat als solcher praktisch gar nicht existiert. Es war eine Zeit, in der das menschliche Bewusstsein noch sehr in der göttlichen „All-Einheit" verwurzelt war und erst ganz langsam begann, sich seiner Individualität bewusst zu werden.

Heute drückt uns der entgegengesetzte Schuh. Wir empfinden uns als völlig getrennte Einzelwesen, die nichts miteinander zu tun haben, sich voneinander abgrenzen und in Streit und Krieg gegeneinander behaupten müssen. Und obwohl man unsere heutige Zeit sicher nicht mehr als „Traumzeit" bezeichnen kann, so ist es doch gerade der Traum, der uns zusammenhält. Der Traum ist das Bindeglied, das unser Einzelbewusstsein zusammenführen und an das Gesamtbewusstsein des Systems Erde-Menschheit anschließen kann. Leider geschieht das nur noch im nächtlichen Traum, in unserem „Traumbewusstsein", und daher auch nicht mehr so intensiv wie in früheren Zeiten. Man könnte fast sagen, der Mensch hat das bewusste Träumen verlernt. Der Mensch hat sich im Laufe seiner Entwicklung so sehr in die Materie verliebt, dass er seinen göttlichen Ursprung fast vergessen hat. Seine himmlische Seele und sein Astralkörper, der eigentliche Traumkörper, gerieten immer mehr ins Hintertreffen. Immer stärker geworden ist dabei der materielle Körper, das „Ego", dem die Zusammenhänge völlig unbekannt sind.

Mit dem Schwinden des Astralkörpers ging auch die Fähigkeit, bewusst zu träumen, verloren, und mit dem Rückgang des himmlischen Geist-Körpers entschwand auch die Sicherheit, die bisher für ein ziemlich unbeschwertes Leben gesorgt hatte. Plötzlich war der Faden gerissen, von einer Verbundenheit mit dem göttlichen „All-Einen" war immer weniger zu spüren, dafür kroch ein bisher unbekanntes Gespenst über die Erde: die Angst!

Angst ist nichts anderes als das Fehlen von Sicherheit. Die Sicherheit, das war die direkte Verbindung des himmlischen Körpers mit dem göttlichen „All-Einen". Der Astralkörper hielt die Verbindung zwischen materiellem und himmlischem Körper aufrecht und er hielt mit seiner Traum-Wirklichkeit das Körper-Bewusstsein besetzt! Je mehr sich der materielle Körper verselbstständigt hat, desto mehr wurde die astrale Traum-Wirklichkeit aus dem Bewusstsein verdrängt, desto lockerer war die Bindung an den himmlischen Körper, bis irgendwann die Verbindung so dünn war, dass das Ich-Bewusstsein, das Ego, nichts mehr davon gespürt hat. Und wie ein Halbstarker, der plötzlich Angst bekommt vor seiner eigenen Courage, fühlte es sich plötzlich nackt und schutzlos. Angst nannte sich dieses neue Gefühl. Das Ego hatte sich selbst seines Schutzes beraubt und suchte nun neuen Schutz in dem Bereich, von dem es etwas zu verstehen glaubte, dem Materiellen! Um die Verbindung nicht ganz abreißen zu lassen, hat unsere himmlische Seele in die Trickkiste gegriffen. Nachdem wir aus unserem Wach-Bewusstsein alle Träume entfernt hatten, schickte sie uns nun die Träume verstärkt nachts im Schlaf, wo der Verstand die Kontrolle wohl oder übel abgeben musste.

Doch bleibt es uns unbenommen, wieder in den Urzustand zurückzukehren, auch im Wachzustand zu träumen, und so unsere Schöpferkraft zu aktivieren und unsere Zukunft bewusst zu gestalten.

Und das ist die wesentliche Funktion des Träumens, die ich Ihnen zugänglich machen möchte.

Zunächst jedoch wollen wir den nächtlichen Traum in den Mittelpunkt unserer Betrachtungen stellen. Grundsätzlich träumt jeder Mensch. Das Träumen ist lebensnotwendig. Ob wir uns daran erinnern oder nicht, spielt dabei keine Rolle. Die Träume spielen sich unter Umgehung des Gehirns direkt in unserem Traum-Bewusstsein ab, und ihre Bedeutung beziehungsweise ihre „Botschaft" wird von unserem Bewusstsein direkt verstanden. Wie wir noch sehen werden, sind überhaupt nur wenige Aspekte einer sinnvollen Traumanalyse zugänglich. Und die meisten sind auch auf anderem Wege erhältlich. Ich sehe mich hier ganz bewusst im Gegensatz zur herkömmlichen Traumanalyse.

Die Hauptaufgaben des Traumes sind einmal das Durchspielen verschiedener Handlungsmöglichkeiten, sowohl vergangener als auch gegenwärtiger als auch zukünftiger Handlungen, und zweitens die Sammlung von Informationen. Im Traum sind Besuche anderer Realitätsebenen möglich sowie der Kontakt mit anderen Menschen und Wesenheiten. Es gibt Massenträume, an denen viele Menschen teilnehmen. Sie bereiten die globalen zukünftigen Ereignisse vor, Krieg und Frieden beispielsweise. Die Träume spielen auch mit unseren Gefühlen, vornehmlich den starken, wie Angst und Verliebtsein, aber auch mit den von uns abgelehnten wie Hass, Aggression, Abhängigkeit und Schuld. Sie versuchen unsere Verletzungen zu verarbeiten, Gewalt, Missbrauch, Enttäuschung, und sie arbeiten an der Heilung des Körpers. Für uns unverständlich werden die Träume oft dadurch, dass sie häufig auf anderen Realitätsebenen spielen, deren „Sprache" wir mit unserem Wachbewusstsein nicht verstehen. Oft nehmen wir Fetzen aus den Träumen anderer mit oder bestimmte Eindrücke aus der Astralebene, in der sich vieles tummelt. Tageseindrücke wollen verarbeitet werden, Sorgen, psychische und gesundheitliche Probleme. „Verfärbt" werden die Träume oft durch so *banale Dinge wie Völlegefühl, Alkohohl, schlechte Schlafbedingungen (schlechter Schlafplatz, Matratze, Elektrostörungen, Magnetstrahlung, Lärm). Oft sind es nur Bruchstücke, die uns in Erinnerung bleiben. Daher werden Träume gerne mit Kometen verglichen, die auf ihrer langen Reise durchs All unsichtbar bleiben. Sichtbar werden sie erst ganz zum Schluss, wenn sie in unsere Atmosphäre eintauchen und verglühen. So nehmen wir von den Träumen oft nur das Ende war, wenn der Traum in den Bereich der Psyche eintaucht und dann bestimmte Muster erzeugt.*

Um die Hauptaufgaben des Traumes zu verstehen, müssen wir gleich zu Beginn unserer Betrachtung von einem zentralen Glaubenssatz Abschied nehmen:

Unsere Wissenschaft ist keine Einrichtung, die auf irgendeine Weise „Wissen schafft"!

Wir können kein Wissen erschaffen! Niemand! Auch die Wissenschaft nicht! Gott weiß alles! Es gibt kein Wissen, das nicht schon existiert. Alles, was jemals „erfunden" werden kann, ist bereits vorhanden! Gott ist tatsächlich „allwissend". Ein Wort, das - wie so viele, wenn es um Gott geht - so häufig verwendet wird, und über das so wenig nachgedacht wird. Obwohl alle Religionen Gott als „allwissend" bezeichnen, realisieren wir normalerweise gar nicht, was das bedeutet! Aber es ist tatsächlich so. Unsere Wissenschaftler können nie etwas erfinden! Sie können es nur finden, „wieder-finden"! Es ist alles bereits da! Auf irdische Verhältnisse übertragen heißt das, es existiert ein Supercomputer, der alles Wissen der Menschheit aus Vergangenheit, Gegenwart und Zukunft gespeichert hat. Ein riesiges Lexikon sozusagen. Zu jedem Stichwort ist alles Wesentliche aufgelistet.

Unsere Gedanken sind nicht unsere Gedanken! Das heißt, sie sind nicht von uns „gemacht"! Nur die Art, wie wir die erhaltene Information verarbeiten, durchdenken, das ist unsere individuelle Leistung, und verleiht jeder Information eine individuelle Note und Schwingung. Unser Gehirn ist nur die Relaisstation, der Empfänger sozusagen. Wie mit einem Radio können wir damit die Informationen empfangen, auf deren Frequenz wir eingestellt sind. Unser ganzes Lernen kann somit nicht dazu dienen, Wissen zu erschaffen, es muss vielmehr die Voraussetzungen schaffen, das Wissen empfangen zu können! Dies geschieht, indem wir unser Gehirn so vorbereiten, dass es die entsprechenden Informationen empfangen kann. Auch hier können wir wieder einen irdischen Vergleich heranziehen. Alle Rundfunksender strahlen ständig ihr Programm aus. Alle diese Informationen umgeben uns ständig als Wellensignale. Alles ist ständig da, allerdings ohne dass wir mit unseren Körpersinnen etwas davon spüren! Wenn ich etwas hören will, dann muss ich den Empfänger, also mein Rundfunkgerät, genau auf die entsprechende Frequenz des Senders einstellen. Jeder kennt das: Sie hören den Südwestfunk, Frequenz 96,7 KHz oder so ähnlich. Wollen Sie einen anderen Sender hören, müssen Sie umschalten, Ihren Empfänger auf die neue Frequenz einstellen. Und genau das ist auch unser Gehirn, ein Informationsempfänger. Alles Wissen, jede denkbare Information ist schon vorhanden, ist ständig um uns herum. Wie beim Rundfunk auch, sind es zum einen elektromagnetische Schwingungen. (Daneben gibt es noch viel mehr. Information ist in allem enthalten, und wir können sie allem entnehmen. Dem Licht genauso wie beispielsweise den Elektronen. Doch das geschieht auf atomarer, molekularer und zellulärer Ebene, mit der wir uns hier nicht befassen wollen.) Im Falle der elektromagnetischen Schwingungen müssen wir unseren Empfänger, also unser Gehirn darauf einstellen. Und noch einmal: Alles Lernen schafft kein Wissen. Alles Wissen existiert bereits! Lernen müssen wir deshalb, dass wir die entsprechenden Informationen überhaupt empfangen und verstehen können. Das Lernen ist also praktisch das „Computer" - Programm, mit dem wir die Daten sowohl empfangen als auch anschließend verarbeiten können.

Langsam weisen übrigens auch Entdeckungen unserer Wissenschaft in diese Richtung. Mit modernen Verfahren ist es möglich, über Energiemessungen die jeweils aktiven Gehirnareale genau anzugeben, ebenso wie die verbrauchte Energiemenge. Bei Versuchen mit

Gedächtnisleistungen waren umso weniger Gehirnareale aktiv, je besser(!) die jeweilige Gedächtnisleistung war, bei den Besten war nur eine winzige(!) Stelle im Bereich des Hippocampus aktiv. Dieser gehört zum limbischen System und befindet sich in unmittelbarer Nähe zu Epiphyse und Hypophyse, die seit alters her für die Kommunikation mit der geistigen Welt stehen. In diesem Gebiet spielt sich auch die zentrale Ereignisverarbeitung ab und deren emotionale Einordnung über unsere Gefühle. Und genau über diese Gefühle können wir das Wissen abrufen: Freude, Wünschen, Wollen - und natürlich, alles in einem, das Träumen!

Alles Wissen, alle Informationen kommen auf diesem Weg zu uns und werden im Wachbewusstsein von unserem Gehirn meist sofort zensiert! Das ist auf der einen Seite richtig und wichtig. Es schwirren so viele Gedanken umher, die ich nicht unbedingt zu meinen Gedanken machen möchte, und es gibt auch vieles, mit dem ich mich nicht belasten möchte. Aber es gibt auch viel Information, die der Zensur zum Opfer fällt, und von meinem Gehirn nicht eingelassen wird, weil ich sie nicht verstehe, weil sie meinen Erfahrungen oder den von mir akzeptierten gängigen Moralvorstellungen widerspricht, oder weil sie an irgendwelchen Vorurteilen scheitert. Unter anderem aus diesem Grund ist nachts ein wesentlich größerer Informationsfluss möglich, da er nicht vom Gehirn behindert wird. Dies zeigt sich beispielsweise daran, dass wir meist morgens früh unsere „Geistesblitze" haben. Tagsüber und abends eher selten.

Viele Wissenschaftler, Erfinder, Künstler und Musiker geben an, ihre Eingebungen direkt nachts im Traum erhalten zu haben. Von Einstein zum Beispiel ist dies bekannt oder auch von Newton, von Kékulé, der gleich die komplette Benzol-Formel geträumt hat, oder von Mozart und Beethoven. Tartini gibt an, dass nachts im Traum der Teufel an sein Bett kam und ihm vorgespielt hat. Seine Leistung bestand dann allerdings darin, dass er sich bis ins letzte Detail genau daran erinnern und die ganze „Teufelssonate" aus dem Gedächtnis aufschreiben konnte. Eine Liste, die sich fast endlos fortsetzen ließe!

Weil alle Informationen bereits vorhanden sind, erscheinen sie in der Regel immer dann, wenn die Zeit reif dafür ist, das heißt, wenn wir bereit sind, sie zu empfangen. Dann stehen sie aber nicht nur einem zur Verfügung, sondern meist mehreren oder vielen. Sie werden dann in das so genannte morphogenetische Feld der Erde eingespeist. Das ist der Grund, warum viele Erfindungen oft gleichzeitig, aber völlig unabhängig voneinander an verschiedenen Orten gemacht werden, und jeder beschuldigt dann den anderen, seine Ideen gestohlen zu haben.

Hierauf möchte ich etwas tiefer eingehen, vor allem was es heißt, dass alle Information, alles Wissen bereits vorhanden ist, aus welchem Grund es auch uns zur Verfügung steht, und was es mit dem morphogenetischen Feld auf sich hat, denn viele von uns werden sich hiermit noch nie beschäftigt haben.

Das Hauptproblem ist, dass sich die Menschheit als mehr oder weniger getrennt von Gott betrachtet. Wir sehen uns zwar als seine Schöpfung an, die ihn aber, wie viele meinen, in seinem Wesen völlig unberührt lässt. Etwa so, wie wenn wir ein Auto oder einen Computer konstruieren. Aus dieser Sicht ist uns dann zwar klar, dass Gott alles Wissen hat, auch alles Wissen der Zukunft. Doch mit derselben Logik schließen wir auch, dass uns wohl nur ein kleiner Teil dieses Wissens zur Verfügung steht, wie ein Computer auch nur das enthält, was in ihn hineinprogrammiert worden ist, unabhängig davon, wie viel Wissen es gibt.

Interessant auch, wie wir mit solchen Dingen umgehen wie Zukunftsvisionen, Prophetie, Zukunftsvorhersagen, Zukunftsträumen. Das, was nicht als Scharlatanerie abgetan werden kann, wird als göttliche Offenbarung verstanden. Damit ist gemeint, dass es Menschen gibt, denen - aus welchen Gründen auch immer - Gott oder seine Engel Einblicke in ihr Wissen von der Zukunft gewähren. In dieses Gottesbild gehört dann des Weiteren, das der Mensch für Gott, das heißt für sein eigentliches Wesen, völlig bedeutungslos ist. Er mag ihm danach vielleicht zur Zerstreuung dienen oder auch gewisse Aufgaben im „Himmel" übernehmen dürfen. Aber letztendlich würde Gott davon nicht berührt.

Denken Sie einmal in Ruhe darüber nach. Kann das wirklich sein? Wie „menschlich" müsste denn Gott da denken und handeln? Und nur aus diesem Gottesbild heraus ist auch der Zukunftsfatalismus verständlich, den man vielerorts findet: „Es ist doch alles vorherbestimmt! Der freie Wille ist eine reine Farce!" Der Mensch als Marionette des Schicksals!

Da jedoch vielen klar ist, dass dies wohl nicht so ganz sein kann, hört man oft folgenden Einwand, der sich jedoch heute auch sehr leicht widerlegen lässt:

„Gott weiß alles, aber nicht, weil er es selbst vorherbestimmt hat, sondern nur deshalb, weil er eben unser Leben - das wir ansonsten völlig „frei" leben durften - schon in der Zukunft gesehen hat."

Das ist in sich zwar logisch, wäre theoretisch sogar denkbar, es ergäbe aber nur dann einen Sinn, wenn die Menschen wirklich als „Dienerschaft für Gott" erschaffen worden wären, und wenn Gott gleichzeitig, wie unsere allerschlechtesten Techniker, mit einem miserablen „Qualitätsstandard" arbeiten würde und so einen immensen „Ausschuss" produzieren würde, der anschließend verworfen werden müsste!

Aber inzwischen gibt es noch ein viel zugkräftigeres Argument dagegen, und das sind die Erkenntnisse der Quantenphysik (das ist die Abteilung der Physik, die sich mit den kleinsten Atomteilchen befasst, die sich teils als Materie, also mit einer messbaren Masse, und teils als elektromagnetische Schwingung, also als Licht und lichtähnliche Wellenformen zeigen). Hier gelten unsere bekannten physikalischen Gesetze nicht mehr! Es sind keinerlei konkrete Aussagen möglich, die Quantenphysik kann nur mit „Wahrscheinlichkeiten" arbeiten. Nur um Ihnen ein Beispiel zu geben, besagt etwa die „Heisenberg'sche Unschärferelation", dass es nicht möglich ist, Ort und Geschwindigkeit eines Elementarteilchens gleichzeitig anzugeben. Somit wird es im Reich der kleinsten Teile also niemals Radarkontrollen geben können!

Das Verrückteste an der Quantenphysik ist jedoch:

Der Versuchsausgang hängt vom Beobachter(!) ab. Je nach Versuchsleiter und seinen Erwartungen ergeben sich, bei sonst identischer Versuchsanordnung, völlig unterschiedliche(!) Ergebnisse. Und das ist nicht „Hokuspokus" oder „Parapsychologie" sondern rein „wissenschaftliche" Physik, auf der inzwischen ein Großteil unserer modernsten Technologie beruht!

Wir erfahren in letzter Zeit immer mehr, wie sich alles gegenseitig beeinflusst. Managementtraining und Verkaufsseminare schießen wie Pilze aus dem Boden, die sich alle der Erkenntnis bedienen, dass wir „mental" auf unser Gegenüber einwirken können, also nur durch unsere Absicht beziehungsweise Gesprächsführung bestimmte Verhaltensweisen auslösen können, oder dass wir an bestimmten Verhaltensweisen ablesen können, was unser Gegenüber denkt! Schon lange haben große

Firmen und Konzerne diese Technik entdeckt und geben viel Geld dafür aus. Und Sie dürfen sicher sein, dass sie dies nur tun, weil die Erfolge für sich sprechen!

Es gibt auch eine Unmenge von Versuchen, die belegen, dass wir allein durch unser Denken, das heißt durch unsere Absicht beziehungsweise durch die Schwingung, die von bestimmten Verhaltensweisen ausgeht, andere Menschen beeinflussen können. So saßen sich in einem Experiment jeweils zwei Personen mit verbundenen Augen gegenüber. Sie sollten sich „mental" auf ihr Gegenüber einstellen. Schon nach wenigen Minuten hatten sich ihre Gehirnströme so weit synchronisiert, dass sie nahezu identisch waren! Es gibt eine große Anzahl von Büchern über solche inzwischen sehr gut belegte Phänomene.

Bekannte Erklärungsversuche hierfür sind die „morphogenetischen" oder „morphischen Felder" von Rupert Sheldrake. Auch das „kollektive Unbewusste" beziehungsweise die „Archetypenlehre" von C.G.Jung spielen hier hinein. Gemeint ist, dass in irgendeiner Form eine „globale Matrix" existiert, in die alles eingebettet ist, alles Wissen, alle Gedanken, alle Erfahrungen, alle unsere Verhaltensweisen aus Vergangenheit, Gegenwart und Zukunft, einfach alles, was existiert! Und hieraus können wir alle schöpfen, hierüber beeinflusst sich alles gegenseitig. Statt trockener Theorie soll ein Beispiel diesen Mechanismus verdeutlichen, es ist bekannt als:

Der hundertste Affe !

Es handelt sich um eine Beobachtung über einen Zeitraum von mehreren Jahren, die von Dr. Lyall Watson bereits vor fünfzig Jahren berichtet wurde. Innerhalb eines Forschungsprojektes fütterten die Wissenschaftler eine Kolonie wilder Affen auf der japanischen Insel Koshima mit Süßkartoffeln, die sie in den Sand fallen ließen. Irgendwann fand ein Affenmädchen heraus, dass sich der Dreck an den Kartoffeln mit Wasser abwaschen ließ. Sie brachte den Trick ihrer Mutter bei, mit der Zeit lernten es alle jungen Affen, und auch die zeigten es ihren Müttern. Die Verbreitung dieser Methode schritt jedoch sehr langsam voran und erst nach etwa sechs Jahren war eine Zahl von etwa hundert Affen erreicht, die ihre Kartoffeln wuschen. Da begannen plötzlich schlagartig alle Affen auf der Insel ihre Kartoffeln zu waschen, was vielleicht noch mit irgendeiner unbekannten Art von Verständigung der Affen untereinander hätte erklärt werden können. Doch das Verrückte war: Gleichzeitig begannen auch die Affen der Nachbarinseln und sogar des japanischen Festlandes mit dem Waschen der Kartoffeln, ohne dass je ein Austausch der Affen stattgefunden hatte!

Ein ähnliches Experiment fand in Australien statt, als Wissenschaftler, zufällig ausgewählten Menschen eine Art Suchbild zeigten, auf dem Hunderte von Gesichtern gut versteckt waren. Die meisten konnten in der vorgegebenen Zeit nur wenige Gesichter erkennen. Dann zeigte einer von ihnen das Bild in England(!) im Fernsehen und erklärte genau, wo sich die einzelnen Gesichter befanden. Nur wenig später wiederholten die Forscher ihr Experiment in Australien und plötzlich konnten die Personen die meisten Gesichter sehen!

Ebenfalls aus England kommt folgender Bericht:

Ein Forscher lief hinter zufällig ausgewählten, wildfremden Passanten her, ohne von ihnen bemerkt zu werden, und tat stets genau dasselbe wie sie. Nach etwa zehn Minuten warf er sich plötzlich auf den Boden, und - verrückt, aber tatsächlich - taten dies viele seiner „Vordermänner" auch!

Wir reagieren auf die Informationen, Gedanken und Schwingungen, die um uns herum sind, weit stärker, als wir glauben! Russen und Amerikaner haben bereits „Psychowaffen" auf der Basis von elektromagnetischen Wellen entwickelt - und schon eingesetzt -, die unser eigenständiges Denken und unseren Willen komplett ausschalten können!

Wenn dies aber schon für die materielle Welt gilt, in die das Geistige nur unvollkommen hineinragt, wie muss es dann erst in der rein geistigen Welt sein?

Alles wird von allem beeinflusst! Es gibt nichts, das nicht auf das gesamte Universum Auswirkungen hat. Und je stärker etwas oder jemand ist, je umfassender sein Bewusstsein ausgeprägt ist, desto stärker ist sein

Einfluss! Gottes Bewusstsein ist so unvorstellbar stark, dass Sie nichts Eigenständiges mehr denken könnten, würde Er es nicht bewusst zurückziehen. Wir hätten nur noch den einen Wunsch, mit Ihm zu verschmelzen.

Es ist also völlig unmöglich, dass Gott weiß, wie wir uns verhalten werden, ohne uns genau dadurch in diese Richtung zu beeinflussen. (Siehe auch die Ausführungen zur „selbst erfüllenden Prophezeiung".)

Allwissend heißt somit, dass Er alles Wissen besitzt, alle nur denkbaren Situationen und Möglichkeiten kennt, aber eben nicht, wie wir uns darin verhalten, wofür wir uns letztendlich wirklich entscheiden, und vor allem nicht, welche Erfahrungen sich aus der Anwendung und Kombination dieses Wissens ergeben.

Nur wenn die Betonung auf „Erfahrungen" liegt, macht Schöpfung Sinn!

Die zweite wesentliche Aufgabe des Traumes ist gleichzeitig die wichtigste: die Ereignisverarbeitung. Auch hier zunächst ein kleiner Exkurs, und zwar in die Zeit! Zeit und Raum sind Funktionen unseres materiellen Universums. Das geistige Universum kennt keine Zeit! Auch diesem Geheimnis ist die Quantenphysik inzwischen auf der Spur. Sie konnte Verbindungen nachweisen zwischen verschiedenen Realitätsebenen unseres Universums, die außerhalb unseres bekannten Zeitsystems existieren.

Es wird gerne gesagt, „drüben" läuft alles „gleichzeitig" ab! Das ist jedoch nicht richtig! Der Begriff gleichzeitig setzt ja die Zeit voraus. Es kann nur dann etwas gleichzeitig ablaufen, wenn es eine Zeit gibt. In Wirklichkeit ist das geistige Universum ohne Zeit, „zeitlos", und das ist etwas völlig anderes. Allerdings ist für uns eine Welt ohne Zeit fast nicht vorstellbar, da Zeit für uns etwas Existentielles ist!

Dies ist jedoch der Grund, dass es „drüben" nichts Zukünftiges gibt. Es ist alles im Jetzt vorhanden. Alles, was gestern war und was heute ist und eben auch alles, was für uns Zukunft ist! Und trotzdem ist, wie wir gesehen haben, nichts vorherbestimmt!

Wenn wir also davon ausgehen, dass Gott allwissend ist, dass also alles Wissen, alle Information bereits existiert, dann heißt das nichts anderes, als dass alle nur denkbaren Ereignisse mit all ihren vielen Entscheidungsmöglichkeiten bereits existieren. Doch es sagt nichts darüber aus, für welche Möglichkeit wir uns dann tatsächlich im „wirklichen" Leben entscheiden, und das ist das genaue Gegenteil vom Fatalismus mancher religiöser Fundamentalisten, die meinen, dass alles vorherbestimmt sei.

Unser herkömmliches Weltbild entspricht einem Essen in einem Restaurant. Sie überlegen sich, was Sie essen wollen, der Kellner fragt nach, ob es vorrätig ist, der Koch bereitet es zu, und nach einiger Zeit bekommen Sie die Speisen serviert. Vergleichen wir es mit einem kalten Buffet! Der Hausherr gibt sich wahnsinnig Mühe und hat alle Speisen zusammengetragen, die es überhaupt gibt! Also ist ausnahmslos alles da, was Sie überhaupt essen können. Alle Speisen sind bereits da! Sie müssen nichts bestellen und niemand muss noch etwas zubereiten. Trotzdem sind Sie völlig frei, was Sie für sich auswählen. Ihr freier Wille ist in keinster Weise beeinträchtigt, obwohl bereits alles existiert, wofür Sie sich je entscheiden können. Und die Auswahl, die treffen Sie mit Ihren Wünschen!

Nehmen wir ein Alltagsbeispiel:

Ich beschließe, heute Nachmittag Fahrrad zu fahren. Dann kann es sein, dass zunächst das Vorderrad einen Platten hat. Vielleicht ist nur die Luft raus. Wenn ich eine Pumpe dabeihabe, kann ich's aufpumpen, ansonsten ist die geplante Fahrradtour schon zu Ende. Vielleicht hat der Schlauch ein Loch. Dann kann ich ihn flicken oder im Fahrradgeschäft einen neuen kaufen. Wenn ich fahre, kann es sein, ich habe nach fünf Kilometern einen Platten. Wenn ich Flickzeug dabeihabe, kann ich auch den flicken. Sonst muss ich das Fahrrad heim schieben. Mit dem „Handy" könnte ich meine Frau anrufen, dass sie mich abholt, oder es kommt ein Nachbar vorbei oder ein Taxi, wenn ich Geld dabeihabe. Es könnte sein, es fängt an zu regnen und ich fahre nur eine kleine Runde. Ich könnte aber auch stürzen. Es könnte sein, dass nichts passiert, es könnte aber auch sein, dass ich mich aufschürfe oder den Arm breche.

Alle diese Möglichkeiten könnte man als „zukünftige Wahrscheinlichkeiten" bezeichnen! Alle existieren sie bereits! Aber für eine dieser Möglichkeiten muss ich mich entscheiden!

Und die anderen? Die werden, zumindest teilweise, im Traum durchgespielt! Manchmal vorher, vielleicht als Entscheidungshilfe für morgen, manchmal im Nachhinein, die Ereignisse vom selben Tag oder auch von früher, weil uns das Durchspielen der anderen Möglichkeiten wichtige Erfahrungen bietet, die uns im Traum-Bewusstsein genauso eingeprägt werden wie im Wach-Bewusstsein.

So lässt sich der „Jetztzustand" drüben als ein riesiger Daten-Pool erklären, aus dem jeder das entnimmt, was er braucht und will. Und jeder ist jederzeit frei in all seinen Entscheidungen, er muss nicht etwas annehmen, nur weil nichts anderes Brauchbares da ist, oder weil ihm nichts anderes einfällt, oder weil irgendjemand irgendetwas für die Zukunft so festgelegt hat.

Ich weiß, es hört sich mehr als utopisch an, wenn wir uns noch nie mit diesen Gedanken beschäftigt haben. Aber es kommt noch viel utopischer! Und die einzige Möglichkeit, einen Bezug zu diesen Dingen zu erhalten, liegt darin, offen und unvoreingenommen zu sein. Lassen Sie sich Zeit, wenn Sie etwas nicht verstehen können, lesen Sie es mehrmals, denken Sie darüber nach, schauen Sie, wie es sich für Sie anfühlt, und vor allem, versuchen Sie es zu träumen!

Manches von diesen nächtlichen „Schauspielen", die wir veranstalten, findet dann auch den Weg in unser Wachbewusstsein und wir können uns anschließend daran erinnern. Wenn es um etwas geht, das für uns erst in der Zukunft stattfindet, fällt es in die Rubrik „Zukunftstraum". Nun kann es sein, dass es tatsächlich die Wahrscheinlichkeit ist, die Sie auch in Ihrem wirklichen Leben auswählen! Dann stimmt Ihr Traum mit Ihrer Zukunft überein. Das nennt man dann hellsichtig oder prophetisch. Es kann aber sehr wohl sein - und das ist viel häufiger der Fall - dass Ihnen eine Wahrscheinlichkeit in Erinnerung geblieben ist, die Sie in der Realität nicht wählen! Oft sind es nämlich die „Katastrophen", die uns in Erinnerung bleiben. Doch greifen wir in unserer „Realität" Gott sei Dank meist zu den harmloseren und für unser Leben weniger belastenden oder sogar beglückenderen Varianten. In unserem Beispiel hieße das, ich könnte sehr wohl davon träumen, mit dem Fahrrad zu stürzen. Ein dramatisches Schauspiel mit Blut und allem drum und dran! Und dann kommt wieder kein Krankenwagen und alles geht so langsam und...! Sie kennen diese Träume!

Am nächsten Tag müssen Sie sich aber dann tatsächlich für eine der Möglichkeiten entscheiden. Normalerweise würden Sie ganz genauso fahren wie immer, Ihre übliche Runde, es ist schön und macht Spaß, und Sie sind glücklich und zufrieden. Wenn Ihnen aber die geträumte Episode nach Ihrem Erwachen noch in

Erinnerung ist, fällt die Entscheidung wesentlich schwerer. In den meisten Fällen werden wir uns dann für Variante eins entscheiden: rausschauen, sieht nach Regen aus, da muss ich nicht unbedingt Fahrrad gefahren sein! Dass uns der Traum verunsichert hat, gestehen wir uns natürlich nicht zu.

Wir könnten aber auch trotzdem Fahrrad fahren und lediglich ein bisschen aufmerksamer sein als sonst. Entgegen der landläufigen Meinung dienen nämlich solche „Katastrophenträume" in den meisten Fällen dazu, ebendiese in der „Realität" zu vermeiden. Schauen Sie darauf, wie Sie sich fühlen. Wenn sich die Möglichkeit „Ich fahre trotzdem" für Sie gut anfühlt, dann tun Sie es! Allerdings spielt da eben oft die Angst mit und überdeckt das eigentliche Gefühl.

Ich kenne viele solche Träume, habe aber noch nicht ein einziges(!) Mal die entsprechende Katastrophe auch wirklich erlebt!

Haben Sie keine Angst, vor nichts und niemandem und vor allem auch vor keinem Traum! Ihre Zukunft bestimmen Sie selbst! Und nur Sie selbst! Wir werden noch ausführlich darüber sprechen!

Ähnlich verhält es sich auch, wenn Sie von anderen träumen. Wir stehen ja mit vielen Menschen in Verbindung, Verwandte, Arbeitskollegen, Nachbarn, Freunde, und wir besuchen uns auch nachts öfter, als wir annehmen. Vor allem, wenn zwischen uns und der jeweiligen Person eine starke emotionale Bindung besteht, oder wenn es sich um ein sehr Energie geladenes oder schockierendes Ereignis handelt. Und immer wieder nehmen wir auch an den „Schauspielen" der anderen teil. Dabei kann es dann gut sein, dass wir von der Krankheit unserer Kinder träumen oder von der geplanten Hochzeit unseres Arbeitskollegen.

Wenn Sie Traumbücher lesen oder mit Psychologen reden, die sich mit Traumanalyse beschäftigen, dann erfahren Sie viele Geschichten, wo sich Träume bewahrheitet haben. Das ist gut nachvollziehbar, und zwar gleich aus mehreren Gründen:

Wenn ich nachts im Schlaf verschiedene zukünftige Wahrscheinlichkeiten durchspiele, dann geschieht dies ja ohne Mitwirkung meines Wachbewusstseins. Manches nimmt es jedoch trotzdem auf - und das ist in der Regel die dramatische Version! Logisch! Genau wie im „richtigen" Leben auch! Sie erzählen daheim auch nicht von den vier Stunden, wo Sie friedlich über die Autobahn gefahren sind. Sie erzählen von den paar Sekunden, wo plötzlich ein Auto vor Ihnen ausgeschert ist, und Sie nur mit Ihrer extremen Geistesgegenwart einen Unfall verhindern konnten. Beim Erzählen rutscht Ihnen immer noch das Herz in die Hose! Und das, was dann Ihr Traumbewusstsein Ihrem Wachbewusstsein „erzählt", ist ebenfalls ein solch dramatischer Ausgang.

Es ist bei weitem nicht so, dass die Mehrzahl unserer Träume Albträume sind, obwohl Sie in der einschlägigen

Literatur von bis zu siebzig Prozent Albträumen lesen können. Das Leben läuft nachts meist ruhiger und geordneter und friedlicher ab als tags. In Erinnerung bleiben uns aber meist die dramatischen Ereignisse. So ist es in Wirklichkeit auch nur ein Bruchteil unserer Traumerfahrung, der einen direkten Bezug zu unserem Alltagsleben hat und uns als dramatisch erscheint.

Und welche Träume bekommen die Psychologen erzählt? Doch nicht die langweiligen! Wenn Sie nachts träumen, friedlich Fahrrad gefahren zu sein, dann bringen Sie es doch gar nicht mit dem Sturz am anderen Tag in Verbindung, falls Ihnen das friedliche Fahren nachts überhaupt in Erinnerung bleibt. Oder umgekehrt, wenn Sie sich nachts den Fuß in der Straßenbahntür eingeklemmt haben, dann denken Sie nicht daran, dass das eine der „möglichen Zukünfte" gewesen ist, Sie aber tagsüber die andere Version gewählt haben, nämlich die, die Sie in der Regel immer wählen: Straßenbahn fahren, ohne den Fuß einzuklemmen. All das kommt Ihnen gar nicht in den Sinn, Sie messen dem Traum gar keine Bedeutung zu und erzählen ihn erst gar nicht. Meist vergessen Sie ihn sowieso sofort wieder. Doch die Träume, wo Sie „zufällig" genau die Version in der „Realität" ausgewählt haben, die Ihnen auch von der nächtlichen Inszenierung in Erinnerung geblieben ist, die fallen sofort auf, und die bleiben uns in Erinnerung, und die werden dann auch erzählt und tauchen in der Literatur auf. Und wenn ich hundert solche Träume aufgelistet sehe, dann bin ich schnell bereit zu glauben, dass diese Träume mir etwas sagen können, dass hier ein Schlüssel für mein Leben liegt, dass es wichtig für meine Zukunft ist, sie genau zu analysieren - oder von einem Spezialisten analysieren zu lassen. Wenn aber dabei stehen würde, dass dies eine Auswahl ist aus zehntausend Träumen, von denen neuntausend völlig friedlich waren und in weiteren neunhundert dieselben dramatischen Alltagssituationen und Unfälle geträumt wurden, die aber nie eingetreten sind, dann würden Sie sagen:

Ja was denn, so wenig? Dann ist es ja gerade umgekehrt!

Ja! Und genauso ist es auch!

Das heißt nun allerdings auch nicht, dass wir unsere Träume, an die wir uns erinnern, ignorieren sollen. Doch wir sollten sie in diesem viel größeren Kontext sehen, und vor allem sollten wir nicht mit dem Verstand daran gehen! Der versteht nichts davon! Träume lassen sich nur mit dem Gefühl erfassen. Die Frage, was hat mir der Traum zu sagen, ist falsch gestellt, sie muss lauten: Wie fühlt sich denn der Traum an. Habe ich ein ruhiges, sicheres Gefühl, oder habe ich das Gefühl, es könnte eine Warnung sein? Habe ich das Gefühl, ich sollte umplanen, etwas verschieben, oder einfach nur etwas vorsichtiger sein? Jeder Traum hinterlässt ein Gefühl in uns, und nur darauf kommt es an.

Überhaupt sind Gefühle das Einzige, das zählt! Alles, was wir nach dem Tod mitnehmen können, sind unsere Gefühle. Keine Gedanken, kein Gedächtnis, keinen Intellekt, all das gehört zum materiellen Körper! Unsere Erfahrungen sind unseren Gefühlen eingeprägt, und unsere Seele können wir uns als einzigen großen Gefühlsspeicher vorstellen, so wie eine Computer-Festplatte oder eine DVD, auf der unsere gesamte Lebensessenz in Form von Gefühlen gespeichert ist.

Ich will Ihnen ein Beispiel geben, auch eine wahre Begebenheit, die verdeutlichen kann, was ich meine mit dem Satz: „Wie fühlt sich der Traum an?"

Eine junge Frau schreibt ihrer Mutter einen Abschiedsbrief: Wenn sie diesen Brief in Händen halte, sei sie bereits tot. Sie habe geträumt, dass ihr Flugzeug morgen an einem Berg zerschelle und abstürze. Sie habe das untrügliche Gefühl, dass es stimme, sie getraue sich aber nicht, davon zu erzählen oder von dem Flug Abstand zu nehmen, aus Angst, sie würde sich lächerlich machen!

Wie viele Dinge tun wir oder tun wir nicht aus Angst, uns lächerlich zu machen, unser Gesicht zu verlieren, den coolen Helden zu entzaubern?

Wenn ich eine so deutliche Warnung bekomme, egal ob im Traum oder sonst wo her, und wenn ich das deutliche Gefühl habe (Gefühl, nicht Angst!), das stimmt, dann gibt es nur eine „richtige" Verhaltensweise, nämlich die

Warnung ernst nehmen und umdisponieren. Auch wenn dann in Wirklichkeit gar nichts passiert. Es sind alles nur „Wahrscheinlichkeiten"! Doch sonst tun wir ja auch das, was uns am wahrscheinlichsten zum Ziel führt, auch wenn etwas zum Beispiel nur siebzig Prozent Wahrscheinlichkeit hat. In dreißig Prozent haben wir dann eben nicht Recht gehabt. Aber niemand kommt auf die Idee, die Dreißig-Prozent-Chance vorzuziehen, nur weil die Siebzig-Prozent-Variante eben nicht ganz hundertprozentig sicher ist!

Wenn ich übrigens oben das Wort „richtige" in Anführungszeichen gesetzt habe, dann meine ich damit, dass es keine absolut richtige Verhaltensweise gibt. Wenn alles dazu dient, Erfahrungen zu machen, dann kann sich „richtig" oder „falsch" nur auf unsere Vorstellung vom Leben beziehen. Auf obiges Beispiel bezogen bedeutet das „richtig": Sie hätte auf jeden Fall den Flug absagen sollen, um am Leben zu bleiben. In unserem Denken hat dieses materielle Leben höchste Priorität, alles ist falsch und zu vermeiden, was dieses Leben gefährden oder gar beenden könnte. Und wenn sie nun ihren Lebensplan abgeschlossen hätte? Wenn sie hier alles gelernt hätte, was sie lernen wollte? Wenn sie die Möglichkeit hätte, auf anderen Realitätsebenen weiterzukommen, als ihr hier unter den gegebenen Umständen möglich gewesen wäre? Man stirbt nicht aus Versehen! Jeder Tod hat einen Grund! Er heißt meistens: Ich bin fertig hier, ich ziehe jetzt um!

Es könnte aber auch sein, dass für die junge Frau in unserem obigen Beispiel nur einfach die Erfahrung wichtig gewesen ist: Was passiert, wenn ich mich gegen mein Gefühl entscheide? Wir wissen doch, wie's geht: Wer nicht hören will, muss fühlen! Das ist jedoch keineswegs negativ gemeint! Im Gegenteil! Wir lernen nun einmal nicht dadurch am besten und schnellsten, dass uns jemand erzählt, wie's geht, sondern dadurch, dass wir die Folgen erfahren. Dann haben wir's oft ein für allemal geschnallt! Und darauf kommt es an! „Richtig" oder „falsch" kann sich immer nur auf unsere Sicht der Dinge beziehen, wir sollten sehr vorsichtig mit unserem Urteil sein!

Solche Träume sind immer klar und deutlich! Wir müssen sie nicht erst mühsam interpretieren! Viele solche und ähnliche können Sie in der Literatur finden von Leuten, die aus diesem Grund Schiffs- oder Flugreisen abgesagt haben, und wo die Katastrophe dann tatsächlich eingetroffen ist. Von den vielen, vielen mehr, wo die Katastrophe nicht eingetreten ist, lesen Sie allerdings nichts. Wer will sich schon blamieren. Außerdem gebe so eine Geschichte rein gar nichts her.

Achten Sie auf Ihr Gefühl, nicht auf den Inhalt oder die Interpretation durch Ihren Verstand! Wenn es allerdings darum geht, nur einen Flug später zu fliegen, was ist da schon dabei?

Wenn Sie einen unklaren Traum haben, dann versuchen Sie nicht, ihn mit dem Verstand zu analysieren. Er versteht nichts davon! Entgegen der landläufigen Meinung gibt es auch keine allgemeine Symbolsprache, die der Traum benutzt! Der Inhalt eines Traumes beziehungsweise das, was uns in Erinnerung bleibt, hängt von so vielen verschiedenen Gegebenheiten ab, dass uns niemals ein Traumlexikon eine Hilfe sein kann. Da lesen wir dann beispielsweise folgendes:

Wenn Sie von einem Bahnhof träumen, können Sie schon bald mit einer Veränderung Ihrer Lebenssituation rechnen. Marmor(!) kündigt die Aussichtslosigkeit irgendwelcher Bemühungen an und ein Marder deutet auf zu starke sexuelle Triebhaftigkeit („Man muss sich zusammennehmen!"). Malen bedeutet, einen Flirt haben, Maikäfer künden Ärger und eine Kuh bringt Glück! Während Sie in dem Traumbuch eines Psychologie-Professors zur Kuh lesen können, dass es auch sein kann, „dass die Vernetzung einer Episode gilt, in der die Träumerin als Kind zugeschaut hat, wie der Tierarzt von hinten in den Darm einer Kuh eingedrungen ist." Diese Beispiele ließen sich beliebig fortsetzen.

Ich halte das nicht für hilfreich. Träume arbeiten mit Assoziationen, die für unseren Verstand oft keinen Sinn ergeben. Das liegt auch daran, dass wir unsere sehr begrenzte Vorstellung von unserem Ich-Bewusstsein auf unsere Vorstellung vom Unbewussten übertragen. Allein schon der Begriff „Unterbewusstsein" drückt das ganze Dilemma aus, in dem wir stecken! In Wirklichkeit ist es alles andere als „unter-bewusst"! Von einem übergeordneten Standpunkt aus gesehen, ist dieses Unbewusste der Teil von uns, der den größten Erfahrungsschatz birgt und unsere realen Erfahrungen des Ich-Bewusstseins sind viel eher traumähnlich!

Ich halte es allerdings auch nicht für hilfreich, wenn von der materiellen Welt stets von Illusion oder Täuschung gesprochen wird, wie es gerade in hoch entwickelten spirituellen Konzepten die Regel ist. Wer etwas auf sich hält im Spirituellen, spricht von der „Maya", von dem Trugbild der Welt. Ich stelle mir das so vor, wie wenn Sie Schauspielern während der Dreharbeiten ständig zurufen würden:

„Was macht ihr denn? Seid ihr noch ganz normal? Seid ihr euch nicht bewusst, dass das nur ein Film ist und mit der Wirklichkeit nichts zu tun hat?" Was meinen Sie, würde dabei herauskommen? Die besten Schauspieler sind diejenigen, die mit ihrer Rolle ganz verschmelzen, ihre Rolle leben und zu ihrer Rolle werden.

Auch wir können zu unserer Rolle werden und werden sie umso perfekter spielen, je intensiver wir uns auf sie einlassen. Auch der beste Schauspieler weiß - wenn auch wahrscheinlich nur im Hinterkopf - dass er nicht seine Rolle ist. Genauso können auch wir es wissen, aber am besten nur im Hinterkopf. Dann können wir uns vom Fluss des Lebens tragen lassen und alle Erfahrungen machen, die für uns bereitstehen. Wir können uns in unsere Rolle hineinträumen und sie auch nach Lust und Laune umträumen. Das stete Vorsagen: „Alles ist nur

Täuschung", führt viel eher zu einer Hemmung, und lässt uns oft anders agieren, bis hin zu völliger Weltabgeschiedenheit. Klar, auch das sind wertvolle Erfahrungen, und ich bin dankbar, dass es Menschen gibt, die diese Erfahrungen machen. Doch wichtig sind eben auch die anderen.

Für den Körper ist diese Welt hier Realität. Und nachdem sich die Seele die materielle Welt und den Körper bewusst ausgesucht hat, um damit ihre Erfahrungen im materiellen Bereich zu machen, ist er - solange - auch für sie Realität. Haargenau so, wie für den idealen Schauspieler, für den seine Rolle solange Realität ist, solange er dreht. Ist der Film abgeschlossen, ist er - in der Regel - wieder der alte. Und so sollte es bei uns auch sein.

Jeder Wissenschaftler weiß, die richtige Antwort erhält nur der, der auch die richtige Frage stellt! Und die richtige Frage zum Thema Traum lautet:

Wer sind wir, und was ist unsere Aufgabe, was ist der Sinn der Schöpfung! Denn wenn alles Wissen bereits da ist, was soll dann die Schöpfung? Wozu braucht uns Gott?

Stimmt etwa die Mähr der Religionen doch von der Erdenprüfung, um als gut befundener treuer Knecht Gottes die Ehre zu erhalten, wie der Engel Aloysius, auf Wolken sitzend, ewig Halleluja zu singen?

Die Wissenschaftler sind gewohnt, ein Problem, das sie lösen wollen, zu analysieren, das heißt, es zu zerlegen. Meist wäre es zwar wesentlich hilfreicher und gewinnbringender, etwas zusammenzusetzen, als es auseinander zu nehmen, aber in diesem Falle hilft es uns tatsächlich weiter. Wenn ich also wissen will, wofür die Welt, die materielle Schöpfung, erschaffen wurde, muss ich ihre Grundstrukturen analysieren.

Die Grundstruktur ist die Dualität, die Trennung der „All-Einheit" in Raum und Zeit, und die Trennung des Zustandes des „Seins" in Ursache und Wirkung.

Entscheidend für unsere Frage ist dabei das Spannungsverhältnis dieses Gegensatzpaares, also der Bereich, der dazwischen liegt, oder anders ausgedrückt, der Weg, der vom einen zum anderen führt. Dieser Weg ist gekennzeichnet durch eine fortlaufende Kette von Ereignissen, wo eins aufs andere aufbaut, seinen Anfang bei der Ursache nehmend, sein Ende bei der Wirkung findend. Auf dem Weg von der Ursache zur Wirkung durchlaufen alle Ereignisse sowohl den Raum als auch die Zeit!

Aber was erreiche ich damit, wenn alles Wissen bereits vorhanden ist? Was erschaffe ich denn dadurch! Es gibt nur eine mögliche Antwort:

Erfahrung!

Nur damit ergibt Raum und Zeit und die Trennung von Ursache und Wirkung einen Sinn. Alles Wissen ist da! Was fehlt ist die Interaktion, die Erprobung, wie verhält sich das eine mit dem anderen, sowie die mögliche Verfeinerung durch Mischung und Übung. Auf irdische Verhältnisse übertragen eignet sich vielleicht ein Beispiel aus der Kunst: Der Maler Hundertwasser hat seine Holzschnitte oft mit mehreren verschiedenen Platten hergestellt, die verschiedenfarbig übereinander gedruckt werden. Beispielsweise sind auf einer Platte die Häuser, auf der zweiten seine berühmten Zwiebeltürme und auf der dritten die Regentropfen. Gleichzeitig stehen zum Beispiel fünf Farben zur Verfügung. Nun werden die Platten übereinander gedruckt und zwar jeweils in den fünf verschiedenen Farben. Somit ergeben sich drei hoch fünf, also zweihundertdreiundvierzig verschiedene Möglichkeiten. Die drei Druckplatten und die fünf Farben repräsentieren das Wissen, die über zweihundert verschiedenen Möglichkeiten, das sind die Erfahrungen.

Gott weiß alles! Was Er braucht - allerdings aus einem Grund, den ich nicht kenne, sondern höchstens vage erahnen kann - das sind Erfahrungen, das Ausprobieren, das Ausloten der Grenzen und Möglichkeiten, das Durchleuchten der Vielzahl von „Seinszuständen", die sich zwischen den zwei Polen desselben Mediums ergeben. Hierzu, und nur hierzu, wurden alle möglichen und bereits existierenden „Seinszustände" in zwei Pole getrennt, duale Gegensatzpaare. Es ist für uns schwer vorstellbar, dass „drüben" keine Gegensätze existieren sollen, wo doch unser Leben hier scheinbar nur aus Gegensätzen besteht. Ich will Ihnen ein Beispiel geben:

Für das göttliche, alles durchdringende Bewusstsein gibt es kein klein oder groß, da es mit allem, was ist, eins ist. Das Bewusstsein selbst ist immer genau gleich groß wie alles, was ist. Wenn es wissen will, was Wasser ist, dann wird es zum Wasser, und wenn es wissen will, was ein Baum ist, dann wird es zum Baum. Sie könnten es sich so vorstellen, dass alles, was Sie anschauen, immer genau so groß wäre, wie Sie es sind. Und nun stellen Sie sich einmal vor, was für eine unendliche Vielfalt in der Materie allein durch die Abstufung in klein und groß existiert! Das kleinste denkbare Teilchen wird heute mit etwa zehn hoch minus vierzig Angström angegeben, das ist im Verhältnis zu dem Punkt am Ende des Satzes so, wie unsere Erde zum ganzen Universum! Und die größte denkbare Sonne wird (wie sie übrigens schon Jakob Lorber im vorletzten Jahrhundert beschrieben hat) mit mehreren Billionen Lichtjahren im Durchmesser gedacht! Können Sie sich das vorstellen? Was für ein immenser Erfahrungsschatz! Und das ist nur eines von unzähligen Gegensatzpaaren wie hell und dunkel, reich und arm, schnell und langsam, gesund und krank, laut und leise, schön und hässlich! Wie viele Abstufungen gibt es dazwischen und wie viele Kombinationen? Und das ist nur das Materielle. Das sind sozusagen die Tatsachen. Dann kommen unsere

Gefühle ins Spiel. Das alles können wir erfahren, und zwar höchst unterschiedlich erfahren. Wo sich der eine gut damit fühlt, fühlt sich ein anderer schlecht, einen dritten interessiert es gar nicht. Wie viele Gefühlszustände sind überhaupt denkbar? Wie viele Erfahrungen gibt es? Immer ist jemand dabei, die Grenzen auszuloten. Wie viele Nuancen, wie viele Abstufungen gibt es? Wie weit kann ich gehen? Welche Kombinationen führen zu Erfolg, welche zu Misserfolg? Und ist der Misserfolg wirklich nur ein Misserfolg, oder bringt er mir so viel Erfahrung, dass ich damit eine folgende Situation zu einem Erfolg ummünzen kann, was mir ansonsten aufgrund mangelnder Erfahrung nicht gelungen wäre. Können Sie sich eine Vorstellung machen, wie viele Erfahrungen möglich sind? Ich muss gestehen, dies übersteigt mein Vorstellungsvermögen bei weitem. Aber genau darum und nur darum geht es! Um Erfahrungen und die damit verbundenen Gefühle! Wir spielen hier ein Spiel! Wir haben eine Unmenge an Spielzeug zur Verfügung mit der ausdrücklichen Bitte und dem ausdrücklichen Auftrag, wirklich alles auszuprobieren und die Erfahrungen, die wir damit machen, dem „All-Einen-Bewusstsein" einzuverleiben, wenn wir uns wieder mit ihm vereinigen.

Plötzlich wird vieles klar! Gut und Böse, Angst und Liebe, Krieg und Frieden, alles erhält seinen Sinn!

Vor diesem Hintergrund müssen wir Zukunftsträume sehen und alle Arten von Zukunftsvorhersagen, ob es sich um Orakel, Prophetie, Hellsehen, Wahrsagen, Handlesen, oder eben um Traumdeutung handelt. Es gibt drüben keine Zeit! Alles ist zeitlos! Alle Zukunft existiert bereits! Jedes Ereignis existiert schon! Und zwar in allen nur möglichen Erlebnisvariationen (erinnern Sie sich an unser Beispiel mit dem Fahrrad fahren). Aber alles, was existiert, ist auf unser „reales" Leben bezogen nur eine „mögliche oder wahrscheinliche Zukunft". Wofür ich mich in dem entsprechenden Moment wirklich entscheide, das steht nirgends geschrieben! Das ist mein freier Wille! Und der ist wirklich frei! Niemand weiß es, auch Gott nicht, sonst wäre ja das ganze Spielchen für die Katz!

Doch sind wir bis zu einem hohen Grad kalkulierbar und unsere Entscheidungen weitgehend vorhersehbar! Wir sind ja kein unbeschriebenes Blatt! Wir haben in der Vergangenheit Entscheidungen getroffen, die auf ebensolche Entscheidungen in der Zukunft schließen lassen! Eigentlich eine vertraute Situation. Genau so, wie Sie zum Beispiel sagen können: Wenn wir heute Essen gehen, wird meine Frau wahrscheinlich Wiener Schnitzel essen. Es ist die „wahrscheinlichste Zukunft", weil sie nämlich in acht von zehn Mal Wiener Schnitzel isst. Aber Sie können es nicht mit Bestimmtheit sagen. Vielleicht isst sie doch etwas anderes, vielleicht ist ihr auch nicht besonders wohl und sie isst gar nichts!

Ein guter Hellseher (das gilt auch für die anderen Methoden der Zukunftsschau) wird nun einige dieser

Möglichkeiten sehen, auch die wahrscheinlichste. Und er wird Ihnen sagen: Du wirst heute Abend Wiener Schnitzel essen, und wenn Sie daran glauben, dann werden Sie auch Wiener Schnitzel essen. Nun sind Sie so fixiert, dass Ihnen praktisch gar keine andere Möglichkeit mehr bleibt! Und das ist für mich das Gefährliche, das wirklich Gefährliche an Traumdeutung und Zukunftsvorhersagen:

Die selbst erfüllende Prophezeiung!

Das bedeutet, dass das, was vorhergesagt wurde, gerade dadurch zur Wirklichkeit wird, dass Sie es wissen und darauf fixiert sind. Ganze Bücher könnte man damit füllen. Sie kennen vielleicht die bei Griechen und Römern so beliebten Orakel. Meist waren es Priesterinnen, die sich im Tempel mit Rauschmitteln in Trance versetzten, um dann in einem Traum von den Göttern die Zukunft zu erfahren. Eine Zeitlang war es regelrecht Mode, im Tempel zu schlafen, um einen entsprechenden Traum zu bekommen. Und die meisten Orakelsprüche gleichen sich alle in einem: Ihre Erfüllung erreichten sie meist dadurch, dass die Leute versuchten, sie zu verhindern.

Nehmen Sie als Beispiel die Ödipus-Geschichte:

Seinen Eltern sagt ein Orakel, er werde seinen Vater erschlagen und seine Mutter heiraten! Die wissen sich natürlich zu helfen, Ödipus wird ausgesetzt, wächst als Findelkind in einem anderen Königshaus auf, wird groß und stark und hat natürlich den Stolz und die Unbeugsamkeit seines Vaters geerbt. Als er eines Tages in einem Hohlweg unterwegs ist, kommt ihm die königliche Kutsche entgegen. Der Kutscher befiehlt ihm rüde, Platz zu machen, es kommt zum Streit, er erschlägt kurzerhand Kutscher und König und, nachdem er auch noch die Sphinx (ein Ungeheuer, das das Land terrorisierte) besiegt hatte, erhält er das Reich und die Königswürde, und wie damals üblich, die Königswitwe, also seine leibliche Mutter, zur Frau .

Es war eine der vielen möglichen Handlungsweisen, die aus dem Ereignis seiner Geburt folgten, allerdings die unwahrscheinlichste. Ob er sich auch für diese Variante entschieden hätte, wenn sein Vater von dem Orakel nichts gewusst hätte und Ödipus ganz normal bei ihm aufgewachsen wäre?

Oder ein Mann, der von einer Kartenlegerin erfährt, er werde genau heute in einer Woche an einem Unfall sterben. Nein, das werde ich nicht, lacht er, und bleibt an dem Tag zu Hause im Bett. Als er aufsteht, um auf die Toilette zu gehen, rutscht er auf der Treppe aus und bricht sich das Genick!

Von einer Amerikanerin wird berichtet, dass sie träumte, ihr Sohn sterbe morgen an einem Unfall! Sie bittet ihn, nicht zur Arbeit zu gehen. Er bleibt daheim, freut sich über den geschenkten Tag, repariert den Rasenmäher, schleift das Messer. Der Schleifstein bricht, ein Teil trifft ihn am Kopf, tot!

Ich könnte Ihnen noch eine endlose Liste gut belegter ebensolcher Träume anbieten. Doch ich glaube, Sie wissen, um was es geht! Es ist immer derselbe Mechanismus: Niemand hätte diese Variante gewählt, hätte er nichts davon gewusst!

Sehr treffend finde ich, was Wladimir Megre in seinem Buch über die russische Einsiedlerin Anastasia erzählt:

He Nostradamus! Deinem Geist entsprangen die großen Katastrophen dieser Erde. Dein Geist zwang erst die Menschen, dir zu folgen und so die Katastrophen zu bereiten. Deine Idee schwebt über der Erde, für viele scheint bis heute unumgänglich die dunkle Zukunft deiner Prophezeiung.

Doch deine Zukunft lasse ich nicht zu. Meine Gedanken fordern deine auf zum Kampf! Ich bin ein Mensch, ich bin der Mensch des Ursprungs, ich bin Anastasia!

Viele wundern sich, dass Prophezeiungen von Leuten, die sehr oft richtig gelegen haben, heute nicht mehr zu stimmen scheinen. Nostradamus zum Beispiel oder Edgar Cayce und viele andere. Es ist in letzter Zeit etwas passiert, was viele noch gar nicht bemerkt haben und wovon viele vor kurzem noch nicht einmal zu träumen(!) wagten: Unser Bewusstsein steigt, die Schwingung des Systems Mensch/Erde erhöht sich! Das ist der Grund, warum sich alle Lebensabläufe beschleunigen. Aber jeder Einzelne muss seine Schwingung ebenfalls anheben, um im „Fluss des

Lebens" zu verbleiben, in der Harmonie der Gesamtabläufe. Sonst entsteht Hektik, Stress, Zeitmangel! Anscheinend haben wir doch andere Erfahrungsebenen gewählt, als es vor einiger Zeit noch „aller Wahrscheinlichkeit nach" ausgesehen hat.

Wir sind frei! Immer! Denn Vorhersagen lässt sich immer nur die wahrscheinlichste Variante aufgrund unserer bekannten Vorlieben, Schwächen und Entscheidungen der Vergangenheit! So beispielsweise auch bei Kennedy, dessen Tod vorhergesagt war und von vielen vorhergeträumt wurde, auch von seiner Sekretärin Evelyn Johnson, die ihn noch am Morgen des Attentats beschwor, nicht nach Dallas zu fliegen. Kennedy flog trotzdem. Ein Präsident gibt sich normalerweise keine solche „Blöse"! Daher auch die hohe Wahrscheinlichkeit der Vorhersagen! Und trotzdem hätte er sich anders entscheiden können, er war frei! Es war seine eigene Wahl, die er getroffen hat!

Traumdeutung, Prophetie und Zukunftsvorhersagen auf dieser Basis halte ich für unzulässig! Der freie Wille wird außer Kraft gesetzt und oft genug wird nur dadurch die Prophezeiung erfüllt, dass man sie kennt und daran glaubt - oder Angst davor hat!

Anders ist es, wenn es nicht um die Vorhersage bestimmter Geschehnisse geht, sondern um die Optimierung von Charaktereigenschaften, Lebensbereichen oder unserer Gefühlswelt. Dies steht beispielsweise auch bei allen seriösen Astrologen im

Vordergrund! Und hier kann uns eine richtig verstandene Traumdeutung sehr gute Dienste leisten. Doch die können wir selbst vornehmen. Allerdings mit dem Gefühl und nicht mit dem Verstand! Oft fühlen wir, was der Traum uns sagen will, während wir seine Botschaft nicht in Worte fassen können.

Ich stimme nämlich absolut nicht mit der Meinung der Psychoanalyse überein, dass es sich beim Traum um eine hauptsächlich neurotische Ereignisverarbeitung handelt, die meist auf psychische oder physische Probleme hinweist! Dabei wird die Rolle der Träume gründlich missverstanden. Bestenfalls dienen sie noch dazu, Probleme aufzuzeigen, die wir im Wachzustand nicht verstehen, und dies auch noch verschlüsselt, so dass wir hierzu einen Psychoanalytiker brauchen. Die Ursache für diese Denkweise liegt darin, dass die Interpretation auf der Basis eines mechanistischen und materiellen Weltbildes erfolgt, in der „Geist" zu einer bloßen Unterfunktion der Materie wird.

Ein eigener Traum mag dies verdeutlichen:

Ich ging mit meiner Frau auf dem Gehsteig, als von hinten ein leuchtend roter „Cola-Wagen" ankam, der mit seinem seitlich ausladenden Aufbau meine Frau streifte. Ich „wusste" im Traum, dass ihr überhaupt nichts passiert war. Trotzdem bin ich wütend auf den Fahrer losgegangen und habe ihn beschimpft! Der stieg in aller Ruhe aus, ein Hüne von einem Mann, bald doppelt so groß wie ich. Ich sah mich bedroht und es blieb mir nichts anderes übrig, als mit meinem „Handy" die Polizei anzurufen, was natürlich - wie im Traum üblich - nicht funktionierte. Erst war das Handy ausgeschaltet, dann hab' ich mich verwählt, dann ist der Akku rausgefallen, und dann habe ich beschlossen, als der Mann schon fast bei mir war, dass es jetzt besser an der Zeit wäre aufzuwachen. Mögliche Deutung? Meine Frau wird einen Unfall erleiden! Ich kann ihr nicht helfen! Der rote Lieferwagen wäre für die Analytiker der „Freud'schen Schule" ein klarer Fall: rot steht für Sex, wahrscheinlich wird meine Frau vergewaltigt! Die „Jung'sche Schule" hätte den Fahrer als dunkle Seite von mir interpretiert oder als Ausdruck des „kollektiven Unbewussten" und die Handy-Geschichte hätte nichts Gutes erwarten lassen für meinen Umgang mit Technik. Dass ich den Traum abgebrochen und nicht versucht habe, im Traum eine Lösung zu erreichen, wäre auch kein gutes Zeichen gewesen. Nun, ich kann nicht sagen wie, aber ich „wusste" einfach (mit Wissen meine ich hier ein Gefühl, keine Verstandesleistung), um was es ging:

Die Geschichte stammte aus einer Zeit, in der ich gerne Schuldzuweisungen vorgenommen habe und zu Überreaktionen neigte, mich an Kleinigkeiten aufgehalten habe, und aus jeder Mücke einen Elefanten machen wollte. Es war mir im Traum klar, dass meiner Frau nichts passiert war, und ich wusste auch, dass ich es einfach dabei hätte bewenden lassen sollen. Aber meine Rechthaberei siegte, ich musste dem Kerl unbedingt seinen Fehler mit aller Gewalt unter die Nase reiben!

Interpretieren Sie Ihre Träume nach dem Gefühl. Wenn Sie Ihnen etwas zu sagen haben, dann bekommen Sie auch das entsprechende Gefühl. Und wenn Sie kein Gefühl dafür haben und nicht wissen, was Sie damit anfangen sollen, dann vergessen Sie's.

Im Endeffekt können Ihnen die Träume nichts anderes sagen, als was Sie auch so wissen oder erfahren können, wenn Sie sich mit „Spiritualität" oder „Esoterik" befassen. Es geht immer um die Verfeinerung unserer Gefühle und die Entrümpelung unserer inneren Verließe, in die wir alles eingesperrt haben, was uns an uns nicht gefällt. Und es geht ums Urteilen und Schuld zuweisen. Wir werden dies noch ausführlich besprechen. Es gibt hierzu viele gute Bücher, auf Wunsch schicken wir Ihnen eine Liste zu. (Bitte frankierten Rückumschlag an den Verlag. Es sind auch Bücher aufgeführt zu anderen Themen, die ich hier anspreche, zum Beispiel der hundertste Affe, HAARP-Projekt, Quantenphysik, Sexualität).

Damit hätten wir die beiden Hauptaufgaben unserer Träume durchgesprochen, das waren zum einen die Informationsbeschaffung, und zum anderen die

Ereignis- und Informationsverarbeitung, also das Durchspielen der verschiedenen Möglichkeiten.

Des Weiteren spielen unsere Wünsche und Sehnsüchte, also unsere „Träume", natürlich auch im Traum eine Rolle (Träume im Traum, hört sich gut an, oder?) Alles, was sich in unserem „Ich-Bewusstsein" befindet, ist auch in unserem „Traum-Bewusstsein"! Da kommt es in der Regel ja auch her!

Selbstverständlich spielt auch das Alltagsleben eine Rolle. Familie, Freunde, Verwandte, Nachbarn, Arbeit, Freizeitbeschäftigung. Ein großer Teil unseres Erlebens bezieht sich ja darauf, im Alltag wie im Traum.

Auch so ganz banale Dinge wie Völlegefühl, Unwohlsein oder Alkohol geben den Träumen bestimmte Färbungen.

Natürlich spiegelt sich auch unsere Gefühlswelt in unseren Träumen. Die stärksten Gefühle am stärksten! Verliebtsein, Angst! Angst ist eines der stärksten Gefühle überhaupt! Und es ist oft unsere Angst, der wir im Traum eine Gestalt verschaffen, ihr im wahrsten Sinne des Wortes Leben verleihen, um dann dagegen anzukämpfen. Viele Monster, Hexen, Teufel, Dämonen, die uns in unseren Träumen bedrohen, sind Gebilde unserer Angst. Das sind oft die schlimmsten Albträume! (Diese richten sich übrigens oft auch nach dem gängigen Weltbild! Vor allem religiöse Träume fallen hier darunter, beispielsweise Träume von brennenden armen Seelen oder Ekel erregenden Tieren, Kämpfe mit dem Teufel oder „teuflischen Verführerinnen", die häufig bei religiös motivierter sexueller Enthaltsamkeit auftauchen.) Eigentlich wollen wir mit diesen Träumen unsere Probleme lösen und unsere Angst bekämpfen. Doch selten gehen wir aus solch einer Schlacht als Sieger hervor. Kampf führt selten zum Erfolg. Eine wirksamere Methode, mit unseren Ängsten ins Reine zu kommen, werde ich später aufzeigen.

Oft versuchen wir im Traum, Probleme zu lösen. Im Traum haben wir in der Regel weit mehr Möglichkeiten, weit mehr Handlungsspielraum als im „realen Leben". Normalerweise kontrollieren wir unser Verhalten ständig, um es gängigen Moralvorstellungen und Konventionen, also dem, „was man tut und was man nicht tut", anzupassen. Dies gilt natürlich vor allem für die destruktiven Aspekte unserer Persönlichkeit, die wir so gerne verdrängen, weil es uns peinlich ist, sie anzuschauen oder sie gar „freizulassen". Aggression, Wut und Hass, Gewaltbereitschaft, sadistische oder masochistische Züge, die in irgendeiner Form in nahezu jedem von uns schlummern! Oder auch Abhängigkeit, die wir als kindisch ansehen und uns deswegen schämen! Und oft sind es sexuelle Bilder (auf denen Freud seine ganze Theorie der Traum- und Psychoanalyse aufgebaut hat), Selbstbefriedigung, homosexuelle und lesbische Liebe, sexuelle Phantasien, all das, was wir gemeinhin als unerlaubt oder schlecht ansehen. Auch hierüber werden wir noch sprechen, wenn es um das Träumen im Wachzustand geht.

Doch leider haben wir diese von uns unerwünschten und als böse gestempelten Aspekte unserer Persönlichkeit manchmal so tief versteckt, dass auch unsere Träume sie nicht mehr erreichen können. Dann wird es wirklich gefährlich. Diese „Leichen im Keller" vergiften dann unseren Brunnen, den Brunnen unserer Lebenskraft, und nehmen unserem Körperbewusstsein jede Chance, unsere Gesundheit zu erhalten.

Wenn Ihr Traumbewusstsein in der Lage ist, Träume zu erschaffen, in denen Sie diese Aspekte ausleben können, dann kann das Problem unter Umständen im Traumzustand gelöst werden. Sie brauchen sich noch nicht einmal an den Traum zu erinnern. Vielleicht dringen nur Fetzen davon in Ihr Wachbewusstsein oder Sie wachen mit einem eigenartig zwiespältigen Gefühl auf. Idealerweise können wir uns von diesen Aspekten, die gleichsam Teil-Persönlichkeiten von uns darstellen, lösen, sie er-lösen, indem wir selbst Träume kreieren. Wir können entsprechende Szenen erschaffen und uns selbst wie in einem Theaterstück zuschauen. Aggressivität beispielsweise können wir so ausleben und gleichzeitig versuchen, Verständnis aufzubringen für diesen Teil unserer Persönlichkeit. Auch hierauf werde ich noch tiefer eingehen, genauso wie auf alles uns zugefügte „Unrecht": Enttäuschungen, Gewalt, Missbrauch, was sich ebenfalls hervorragend für die „Traumarbeit" eignet. Viele Krankheiten könnten wir dadurch vermeiden.

Übrigens sind wir im Traum oft nicht allein! Es gibt kollektive Träume, an denen viele teilnehmen, eine Volksgruppe, ganze Völker oder die ganze Menschheit. Bei Aufständen und Revolutionen beispielsweise oder Rassenkonflikten spielen diese Massenträume eine Rolle. Oder auch der Traum vom Fliegen, den die ganze Menschheit schon lange träumt! Und wer weiß, vielleicht schaffen wir es auch irgendwann einmal wieder, unsere Probleme im Traum zu lösen, so dass Streit und Krieg im „realen" Leben überflüssig werden.

Und nachts sind wir auch auf anderen Realitätsebenen unterwegs. Für viele wieder schwer zu verstehen, weil wir gewohnt sind, unsere materielle Ebene als die einzig gültige Realität anzuerkennen. Wir verhalten uns wie die Blinden, die einen Elefanten beschreiben sollen:

Es muss ein Baum sein, sagt der, der den Fuß betastet. Es ist eine Schlange, sagt der, der den Schwanz in der Hand hält. Es ist eine Flunder, sagt der mit dem Ohr! Was halten Sie in der Hand?

Es gibt so viel mehr, dass wir es uns gar nicht vorstellen können. Als erstes haben dies, wie in letzter Zeit häufig, die Physiker erkannt! Viele experimentelle Ergebnisse lassen sich nur dann sinnvoll interpretieren, wenn man annimmt, dass es verschiedene Realitätsebenen gibt, die parallel zueinander existieren. Und genauso ist es ja in Wirklichkeit auch. Doch den meisten von uns ist es nur nachts im Traum möglich, andere Realitätsebenen zu besuchen, und da dort die Verhältnisse oft völlig verschieden sind von unseren, tauchen dann auch Bilder in unseren Träumen auf, mit denen wir nichts anfangen können.

Nur mit den richtigen Fragen erhalten wir auch die richtigen Antworten:

In unseren Träumen wie im Wachzustand geht es darum, Informationen zu sammeln, zu verarbeiten, und Erfahrungen zu machen. Wir arbeiten mit „wahrscheinlichen Zukünften", wobei wir eine Möglichkeit für unser Ichbewusstsein auswählen, die anderen werden im Traumbewusstsein durchgespielt.

Das ist der Sinn der Schöpfung, das ist unsere Aufgabe. Dafür wurde unser Universum geschaffen.

Der erste Schritt in die Dualität, als eine Grundvoraussetzung unseres „dualen" Universums, ist die Trennung des (Ur-) Zustandes, den man als „Sein" bezeichnen könnte, in Ursache und Wirkung, das heißt in Gedanken und Materie. Erst in diesem Spannungsfeld macht Träumen Sinn. Der Traum ist das Fluid, das den Raum zwischen Ursache und Wirkung, also zwischen dem Gedanken und dem materiellen Ergebnis darstellt.

„Drüben", im Bereich des reinen Geistes, ist der geistige Impuls, der Gedanke gleichzeitig bereits seine

Ausführung. Es gibt keine Trennung. Um es in irdischen Maßstäben auszudrücken: Wenn Sie sich ein Haus denken, ist es bereits da! Zum Träumen bleibt keine Zeit! Beides, sowohl Raum als auch Zeit sind ebenfalls nur unserem Universum eigene „duale" Eigenschaften, entstanden durch die Trennung eines „jenseitigen" Zustandes, für den mir nicht nur die Worte fehlen. Auch meine Vorstellung stößt hier an ihre Grenzen. Es ist ein Zustand, der von vielen geistigen Lehrern mit dem Begriff des „All-Einen" umschrieben wird. Das höchste Bewusstsein ist in der Lage, gleichzeitig den gesamten Raum zu durchdringen und sich mit allem zu verbinden, was auf irdische Verhältnisse übertragen in etwa bedeuten würde, dass ich zu jeder Zeit mit allen Menschen Kontakt aufnehmen kann, die jemals irgendwo auf der Erde gelebt haben, leben oder leben werden.

Auch diese Trennung des „All-Einen" ist erfolgt, um das Träumen zu ermöglichen. Nur so ergibt sich die Möglichkeit, über Zeit und Raum hinweg Träume zu verwirklichen. Denn darum geht es:

Mit meinen Träumen die Zahl der möglichen Realitäten ins Unbegrenzte zu erweitern.

Wenn uns klar ist, dass alle Gegensätze durch die Trennung einer ursprünglichen Einheit entstanden sind, dann kann es nicht um Überwindung, sondern nur um Integration gehen. Wir müssen diese Gegensatzpaare wieder zusammenführen. Nur dann sind sie wieder eine Einheit wie vorher, aber durch die nun in ihnen enthaltenen Erfahrungen haben sie eine völlig andere Qualität. Es ist wie bei unserem Computerbeispiel. Sie können alle vorhandenen Einzeldaten auf den Computer laden, doch wenn Sie damit arbeiten wollen, geht zunächst einmal gar nichts. Sie haben zwar alles Wissen gespeichert, können aber nichts damit anfangen. Erst wenn jemand Programme installiert und Verknüpfungen erstellt, die dem Computer sagen, wie er die Daten verarbeiten und miteinander in Verbindung bringen soll, erst dann können Sie damit arbeiten. Programme und Verknüpfungen entsprechen dabei unseren Erfahrungen. Und die Kraft, die diese Erfahrungen hervorbringt, das sind die Träume.

Der Traum Gottes hat die erste Ursache gesetzt, hat die ursprüngliche Einheit zerrissen und sich in einer geistigen Schöpfung verwirklicht. Das war die Herausbildung individueller Bewusstseinsformen. Das „All-Eine-Bewusstsein", das nur sich selbst und sonst nichts kennt, teilt sich in Myriaden von Einzel-Bewusstheiten. Sie haben ein Einzelbewusstsein und eigenständiges Denkvermögen. Sie können sich von anderen abgrenzen und auch eine Beziehung zu ihnen eingehen. Aber sie haben eine direkte Anbindung an alle und alles. Sie haben das gesamte Wissen, das gesamte Bewusstsein, auch das Bewusstsein, eins zu sein mit allem. Vergleichbar mit der Torte beim Bäcker, die auf ihrer Oberfläche bereits die Teilung in sechzehn Stücke eingeritzt hat, aber noch nicht durchgeschnitten ist. Die materielle Schöpfung, das ist das Durchschneiden der Torte. Jeder sieht sich vom anderen getrennt und das eine Tortenstückchen sieht zwar andere Tortenstückchen, die so ähnlich aussehen wie es selbst, aber es hängt mit keinem zusammen. Jedes ist einzeln, überall Trennung. Es gehört ein höheres Wissen vom Ganzen dazu, der Blick von oben sozusagen, der die übergeordnete Einheit erst wieder sichtbar macht. Es hat zwar schon vorher gewisse Erfahrungs- und Entwicklungsmöglichkeiten gegeben, immerhin waren die Tortenstückchen ja schon angeritzt, aber auf der materiellen Ebene existieren unendlich viel mehr Erfahrungsmöglichkeiten.

Dabei geht es in unserer materiellen Welt vor allem um die absolute Schlüsselerfahrung, sich als von Gott getrennt zu erleben. Hierin stecken wohl die meisten Erfahrungsmöglichkeiten unserer Realitätsebene. (Und hierin waren wir überaus erfolgreich! So erfolgreich, dass es immer wahrscheinlicher wird, dass wir diese „harte", tief materielle Phase bald hinter uns haben!) Möglich wurde diese Extremerfahrung erst durch die bereits erwähnte Trennung des „All-Einen" und aller anderer Seinszustände. Dazu musste die für uns unvorstellbar hohe und reine Schwingung des höchsten Bewusstseins verlangsamt, gewissermaßen „herunter transformiert" werden. Zuerst entsteht daraus Licht, dann Elektrizität, dann schließlich, wenn die Schwingung so langsam wird, dass sie quasi erstarrt, Materie. Allein die Erfahrungen, die in dem Gegensatzpaar Bewusstsein - Materie stecken, sind unvorstellbar. Zuerst der Abstieg durch alle Stufen bis zur dichtesten Materie, und dann der Wiederaufstieg, der übrigens nicht, wie so oft behauptet, ins Licht führt, sondern weit darüber hinaus. Das Licht ist nur eine Vorstufe. Letztendlich ist es das „All-Eine-Bewusstsein", das auch das Licht wieder in sich aufnimmt.

Wollen Sie wissen, was Liebe ist?

Liebe, das ist der Stoff, der das Universum zusammenhält. Sie ist wie unsichtbare Spinnenfäden, die alles, was im Universum existiert, mit Gott verbinden. Es ist nicht eine freie Wahl Gottes, ob Er liebt oder nicht! Er kann gar nicht nicht lieben! Viele würden sagen, weil die Liebe ein Teil von Ihm ist! Doch es ist weit mehr! Es ist nicht nur ein Teil von Ihm, es ist Sein Wesen. Es ist das, was im Moment der Trennung erscheint, das „Gottwesenhafte", das am Getrennten hängen bleibt und es wie mit einem Klebefaden, egal wie weit es sich von Gott entfernt, wieder zurückzieht. Liebe ist die zentrale Eigenschaft, die Gott zum „lebendigen Gott" macht. Es ist dasselbe wie für uns hier der Atem. Wir können aufhören zu atmen, wenn wir wollen, aber dann sind wir tot. Haargenau dasselbe gilt für Gott und die Liebe. Ohne Liebe ist Gott tot! Die Liebe ist das absolut Zentrale. Es ist die Wesenseigenschaft Gottes, die eine Aufspaltung in viele

„Einzelbewusstseins-Formen" erst möglich macht. Nur sie ist die Garantie für die Rückkehr in die Einheit, und zwar in beide Richtungen: Garantie für Gott, dass alle Seine Bewusstseinsfunken wieder zurückfinden, und Garantie für das Einzelbewusstsein, dass Gott es wieder in sich aufnimmt! Und da sie so zentral und so umfassend ist, wurde sie für unseren materiellen Bereich gleich in drei Gegensatzpaare zerlegt, die quasi in drei Stufen aufeinander aufbauen:

- die Ursehnsucht nach der Kommunikation mit dem „All-Einen" in Gut/Böse
- die Ursehnsucht nach der Geborgenheit im „All-Einen" in Angst/Sicherheit
- die Ursehnsucht nach der Vereinigung mit dem „All-Einen" in die Sexualität

So wie sich das „All-Eine-Bewusstsein" in unzählbare Bewusstseinsfunken geteilt hat, so gibt es auch unzählbare Wege, diese Strecke zurückzulegen und von einem Pol zum anderen zu gelangen. Wichtig ist: Es sind alles Wege. Entgegen der landläufigen Meinung gibt es keine Holzwege, keine Irrwege, keine Sackgassen! Alles ist ein Weg. Es gibt nur direktere Wege und Umwege, wobei vielleicht manchmal, wie im „realen" Leben auch, ein vermeintlicher Umweg sicherer zum Ziel führt als ein vermeintlich direkter Weg! Alle Wege sind gangbar! Und jeder wählt seinen eigenen Weg! Und jeder soll seinen eigenen Weg gehen! Sonst würde ein Mensch *ausreichen! Jeder Weg ist eine Möglichkeit, und jeder nur denkbare Weg soll versucht und ausprobiert werden. Und wenn mancher Weg mir noch so zuwider ist, und wenn er den geltenden Moralvorstellungen noch so widerspricht, es ist ein Weg!*

Das Verständnis dieses Schöpfungsgeheimnisses halte ich für extrem wichtig - nur auf seiner Grundlage lässt sich Geheimnis und Bedeutung des Träumens verstehen - und deshalb möchte ich es noch aus einem anderen Blickwinkel beleuchten, auch wenn ich mich in manchen Passagen wiederhole:

„Bereitet dem Herrn den Weg, und alle Völker werden sein Heil sehen!"

Es ist einer der Schlüsselsätze überhaupt, nur leider, wie so oft, falsch verstanden. Auf den ersten Blick, durch die religiös gefärbte Brille und von den Kirchen auch so interpretiert: Tu, was Gott durch die Kirche dir sagt, und dann ist alles in Butter. Doch vielleicht kommt auch jemand auf die Idee, einmal nachzufragen, was ist denn ein „Weg für den Herrn"? Was bedeutet das? Offensichtlich geht's wörtlich nicht. Gott läuft nicht über die Erde. Er ist überhaupt nicht hier und Er wird es auch nie sein. Ein „Weg" hier auf Erden kann Ihm wohl kaum etwas nützen. Doch was ist ein Weg überhaupt? Es ist etwas, das einen weiterbringt, an ein Ziel führt. Also müssen wir uns die Frage stellen: Wohin will denn Gott? Will Er überhaupt irgendwohin? Will Er sich überhaupt fortbewegen? Ist Er nicht bereits alles, was ist? Ist Er nicht in allem, was ist? Natürlich ist Er das! Alle Energie, auch alle zur Materie „gefrorene" Energie ist in ihrer Gesamtheit Gott und wird sich in alle Ewigkeit nicht verändern. Niemand wird da auch nur ein „Jota" hinzufügen oder wegnehmen können. Unsere Wissenschaft, die schon viele verrückte Kapriolen geschlagen hat, zeigt inzwischen einige Ansätze, die dem „Großen Ganzen" nahe kommen: Am meisten die Quantenphysik, in zunehmendem Maße auch die Astronomie. So weiß die Quantenphysik inzwischen, dass Ursache und Wirkung nicht linear voneinander abhängen, dass also die gleiche Ursache sehr wohl mehrere verschiedene Ergebnisse liefern kann, und dass dies nicht so sehr von der Quantität der Energie abhängt, als vielmehr von der Qualität. Es geht um die Frage, in welcher Form Energie auftritt. Einfach ausgedrückt, ob sich ein „Energiequant" als Wellenform oder Teilchen zeigt, das bleibt von der Energiemenge her gleich, hat aber völlig verschiedene Auswirkungen. Und genau um das geht es! Die Energiemenge „Gott" bleibt immer gleich, sie ist unveränderlich. Mehr „Energiequanten" also Einzelindividuen, bedeuten eben eine geringere Energiemenge, die dem Einzelnen zur Verfügung steht. (Das ist übrigens auch von großer Bedeutung, was die Stellung der Erde im Universum anbelangt. Zumindest zur Zeit erhalten wir sehr viel Energie, es scheinen große Hoffnungen auf uns zu ruhen.) Egal wie oft Gott sich „teilt", in wie viele „Energiequanten" Er sich zerlegt, die Gesamtenergie

„Gott" bleibt immer und ewig gleich. Um eine Mehrung der Gesamtenergiemenge kann es Gott also nicht gehen. Was ist Sein Ziel, was treibt Ihn in eine Schöpfung hinein? Welchen „Weg" will Er gehen? Wo will Er hin?

Wie vorhin schon angedeutet, weigere ich mich schlicht, Gott so zu vermenschlichen, dass ich Ihm unterstelle, von „Lust und Laune" abhängig zu sein. Das anzunehmen ist schlicht lächerlich und könnte als Treppenwitz der Geschichte bezeichnet werden, wenn nicht Generationen von Menschen aus purer Machtgier genau in diesem Denken gefangen gehalten worden wären und immer noch werden.

Ich will hier kurz auf die Katechismuslehre eingehen, lediglich um einige Denkanstöße zu geben. Denn Veränderungen im Denken kommen immer von innen! Ein Buch verändert nie. Egal wie gut es ist, egal wie schlüssig seine Argumente sind. Verändern tut immer nur die Auseinandersetzung damit, die Reibung zwischen dem alten und dem neuen Gedankengut. Und wenn ich in der Lage bin, diese Reibung angstfrei zuzulassen - und da sind wir schon wieder beinahe beim Träumen - dann wird Wahrheit entstehen. Und diese Wahrheit, das ist der Weg, den Gott meint. Denn es ist meine Wahrheit und mein Weg, und genau darum geht es! Es gibt immer nur eine Wahrheit und einen Weg, und das ist meine momentane Wahrheit und mein momentaner Weg! Lebe ich die Wahrheit eines anderen oder gehe ich seinen

Weg, dann habe ich etwas falsch gemacht! Nur darum geht es Gott. Der Weg, das bin ich! Ich soll mich bereit machen, meinen Weg zu gehen, stellvertretend für Gott! Würden wir alle den gleichen Weg gehen, was gäbe das für einen Sinn! Dann hätte doch einer gereicht! Was für eine Verschwendung! Kein normaler Mensch tut so etwas, nur Irre – und Gott: „Wir sind auf Erden, um Gott zu dienen und dadurch in den Himmel zu kommen", heißt es im alten Katechismus. Der Mensch, erschaffen von Gott, zur Verherrlichung seiner selbst. Gott hat uns erschaffen – ungefragt, hat uns einen freien Willen gegeben – ungefragt, hat uns „in Versuchung geführt" – ungefragt, hat zugelassen, dass wir der Versuchung erlegen sind, hat in seiner „unendlichen Güte" die Erde als „Rehabilitationsklinik" erschaffen, wo jeder, der sich jetzt anständig aufführt, doch noch die Chance erhält, zu ihm zu gelangen, um ihn später im Himmel zu verherrlichen! Allerdings letztmalig! Ohne weitere Chance! Manche Religionen haben noch ein Fegefeuer oder etwas Ähnliches dazwischen geschaltet, für andere kommt nach diesem Leben, wenn's zum Himmel nicht gereicht hat, gleich die ewige Hölle! Alles erschaffen von einem allwissenden und unendlich liebenden Gott, der den Guten im Himmel in der Verherrlichung seiner Person unsagbare Verzückung bereitet, und für die anderen, ohne mit der Wimper zu zucken, den Höllenknecht spielt. Was für Kapriolen dieses Gedankengut in durchaus intelligenten Menschen geschlagen hat, zeigt der Hl. Augustinus, der in seiner - nie widerrufenen - „Prädestinationslehre" ausführt, dass Gott von vornherein die einen für den Himmel und die anderen für die Hölle erschaffen hat, und dass dies unveränderlich feststeht. Die einen, egal was sie tun, können nicht fallen, und die anderen, egal wie sie sich anstrengen, haben keine Chance, der Hölle zu entgehen!

Obwohl ich es mir beim besten Willen nicht vorstellen kann, wie ich im Himmel glücklich sein soll, wo ich doch weiß, dass andere in der Hölle ewige Qualen leiden, so wäre dies unter menschlichen Gesichtspunkten noch entfernt denkbar. Ähnliches erleben wir heute ja vielerorts, auch dass Menschen in der Lage sind, bewusst wegzuschauen! Doch wenn ihnen das hier auch gelingt, drüben garantiert nicht! Es gibt drüben nichts Getrenntes! Sie können drüben nichts anschauen, ohne sich mit seinem Bewusstsein zu verbinden! Alles, was existiert, ist auch in Ihrem Bewusstsein. Deshalb können Sie drüben nicht „wegschauen", denn allein die Tatsache, dass etwas überhaupt existiert, bewirkt bereits schon eine Bewusstseinsverbindung!

Es müsste gerade so sein, dass nach „Abschluss der Welt" beim „Jüngsten Gericht" sozusagen das Wissen von der Existenz der Hölle aus allen „Gerechten" ausgelöscht wird und ebenso aus allen Engeln und auch aus Gott selbst! Und nun gehen Sie mal her und versuchen Sie, bei sich Wissen auszulöschen, zum Beispiel etwas Unangenehmes zu vergessen!

Und selbst dann gäbe es immer noch keinen Sinn, bei einem „Auswahlverfahren" die Durchgefallenen zur Strafe auch noch ewig zu quälen! Es tut mir leid, aber für mich ist dies die schlimmste Form von Gotteslästerung, die es geben kann. Trotzdem spukt in vielen Köpfen immer noch ein solcher oder ähnlicher Gott herum, ein Tyrann übelster Sorte!

Ich mache niemandem einen Vorwurf. Ich weiß sehr wohl, dass diese ganze Entwicklung richtig und wichtig ist. Die Ursache liegt darin, dass unser heutiges Konzept „Gott" entwickelt wurde, als erstens dieses Wissen (z.B. Quantenphysik, morphogenetische Felder) noch nicht zur Verfügung stand und zweitens kein Bezug zur Transzendenz, das heißt zum „echten Sein" bestand.

Das was als Transzendenz verstanden wurde, war nichts anderes als eine uns zwar technisch überlegene, aber nach wie vor von dualistischem Denken (Gut/Böse) geprägte und damit in vielen Bereichen sehr fragwürdige Ebene. Und diese Verhaftung in einer zwar höheren, aber voll dualistisch-materiellen Ebene gilt für alle bekannten und anerkannten Gottesbilder. Angefangen von den Sumerern und Babyloniern, dem Gott des alten Testamentes (das übrigens in weiten Passagen der Genesis fast wörtlich auf babylonischen Texten beruht), den Ägyptern, Griechen, Römern und den christlichen Religionen. Auch der Buddhismus, der zwar wesentlich transzendentere Züge trägt, ist noch eine „Kopflehre". Aber auch alle Naturreligionen, Kelten, Maya und schamanische Traditionen beziehen ihre Informationen aus einem „Oberton" unserer Dimension, aus einer höheren Schwingung zwar, die aber nichts mit dem eigentlichen Sein zu tun hat. Das bedeutet nicht, dass es nicht innerhalb dieser Weltbilder zu jeder Zeit Menschen gab, die als „Heilige", „Mystiker" oder „Meister" weit in den Bereich des eigentlichen Seins eindringen konnten und den Aufstieg zum wirklichen Sein geschafft haben. Dabei war das jeweilige System zwar oft Vermittler und hat den Einstieg ermöglicht. Der eigentliche Aufstieg gelang aber immer nur unter Überwindung des jeweiligen Weltbildes.

Ich weiß sehr wohl, dass sich viele Menschen intensiv Gedanken machen um diese Darstellung von Gott, die so viele allzumenschliche und oft genug unmenschliche Züge trägt. Was uns daran hindert, hier in die Offensive zu gehen, das ist die Angst! Die Angst ist der stärkste Verbündete aller Religionen. Angst ist der mächtigste und alles beherrschende Faktor auf der Erde. Alle negativen Gefühle lassen sich letztendlich auf die Angst zurückführen. Die Angst wiederum ist nichts anderes, als die aus der Trennung von Gott resultierende Unsicherheit oder bange Erwartung, ob es jemals wieder möglich sein wird, in dieses Gefühl der Urgeborgenheit einzutreten, das in der Tiefe von jedem von uns schlummert und letztendlich die Triebfeder für alles ist, was wir tun. Alle Liebe, alles Gute, aber auch jede Verletzung, jeder Mord ist nichts anderes als ein Schrei nach der Liebe Gottes, Ausdruck dieser tiefen Ursehnsucht nach Erfüllung und Einheit.

Wie wir noch sehen werden, liegt der Schlüssel zur geistigen Welt in der Freiheit, und Freiheit entsteht, wenn die Angst geht. Dabei ist es fast gleichgültig, in welcher Religionstradition Sie aufgewachsen sind, selbst wenn Sie bewusst gar nichts glauben, ganz tief innen steckt bei vielen die Angst, „ob ich wohl alles richtig mache?" Und genau darum geht es! „Ob ich wohl alles richtig mache?" Ich kann Ihnen hierfür kein Allheilmittel angeben, ich kann Ihnen nur sagen, wie ich es gemacht habe. Obwohl ich mich schon lange befreit geglaubt habe von den Fesseln meiner Kindheit, spürte ich doch, wie ich immer wieder an die Angst gestoßen bin. Nie heftig, meist subtil und nahezu unbemerkt. Doch genau dieser Kontakt ist es, so unterschwellig und unbemerkt er auch sein mag, der den Zugang zu höheren geistigen Ebenen verschlossen hält. Geheilt hat mich hiervon eine Radikalkur. Ich habe mich ganz bewusst konfrontiert mit dem herkömmlichen Gottesbild eines strafenden, willkürlichen und ungerechten Gottes. Meine Frage lautete: „Was will ich mit diesem Gott zu tun haben?" Ich habe seine Verhaltensweisen und seine Gebote analysiert, durchweg sehr menschliche. Er ist eifersüchtig und ehrgeizig, um nicht zu sagen „ehrenkäsig". Ich muss klein sein, damit er sich groß vorkommt. Er stellt rein willkürlich Regeln auf, die von mir - mit dem Verstand, den er mir gegeben hat - nicht verstanden werden können und die für mich keinen Sinn ergeben! Und wenn ich seinen Vorstellungen nicht entspreche, wird er zum grausamen Henkersknecht und wirft mich auf ewig in die Hölle. Sicherlich gibt es Menschen, die sich so verhalten, viele verstoßen ihre Kinder auf ewig. Viele freuen sich daran, andere zu quälen und zu verletzen. Viele kommen sich nur dann groß vor, wenn sie andere klein machen können. Aber wenn Gott auch so ist, was hat er uns dann voraus? Ich bin nicht so, und Sie auch nicht. Meine Kinder könnten machen, was sie wollten, verstoßen würde ich sie nie. Andere quälen und verletzen, egal aus welchem Grund, liegt außerhalb meiner Vorstellung, und viele Menschen denken ebenso wie ich. Und so kann die Antwort auf die Frage: „Was will ich mit einem solchen Gott zu tun haben?" nur lauten: „Nichts! Gar nichts!" Und in letzter Konsequenz: Wenn Gott wirklich so wäre, wenn er tatsächlich schlechter wäre als ich, dann möchte ich nicht bei ihm sein. Auch wenn er stärker ist als ich. Auch dann würde ich ihm das ins Gesicht sagen und seine Rache über mich ergehen lassen. Er ist der Stärkere, er kann mich strafen, verletzen, vernichten, aber wenn er meinen Geist nicht tötet, dann kann er mich nie zwingen, mich zu verleugnen. Viele Menschen haben diese Größe seit jeher in irdischen Dingen gezeigt und sind unter widrigsten Bedingungen ihren Grundsätzen und Idealen treu geblieben.

Freiheit gibt es nicht zum Nulltarif. Sie hat immer ihren Preis! Darauf beruht auch der Trugschluss der Völker, Frieden sei die Abwesenheit von Krieg! Oder Freiheit und Frieden könne durch Krieg geschaffen werden! Niemals! Freiheit ist nie ein passiver Zustand, es ist immer ein aktiver Prozess! Freiheit kommt immer von innen, nie von außen! Und Freiheit ist das wichtigste Gut auf unserem Weg! Nicht Gesundheit, nicht Wohlstand, nicht Frieden, nicht all das, was wir uns so gerne wünschen. Erst wenn wir Freiheit gefunden haben, erhalten wir alles andere „umsonst" dazu. Und noch einmal: Finden tun wir sie nie auf der Straße. Es ist immer ein aktiver Prozess, meist ein schmerzlicher. Freiheit wächst auf der Asche unserer Angst! Wenn wir bereit sind und den Mut haben, durch unsere Angst hindurchzugehen, mit der letztendlichen Konsequenz unserer Vernichtung, falls Gott doch das tyrannische Monster sein sollte! Wenn wir uns so unserer Angst stellen und sie ganz bewusst bloßlegen, sie ihrer Schrecken berauben, dann fängt ein neues Leben an. Sie wird der Nährboden für unsere Freiheit, und diese Freiheit führt uns fast ohne unser Zutun so steil bergauf, wie wir es uns in unseren kühnsten Träumen nicht vorstellen können. Die Basis für alles, wirklich für alles, ist die Angst, beziehungsweise die Freiheit von Angst! Daher auch dieser ausführliche Exkurs in ein Gottesbild, mit dem es sich nicht träumen lässt! Denn richtig träumen, das geht nur angstfrei!

Und die Frage, die hierher gehört, ist wieder die Standardfrage: „Wozu sind wir hier"?

Wir sind aus Gott geschaffen. Es ist Seine Substanz, die in mir lebt, sonst müsste es ja außer Ihm noch etwas anderes geben, von dem Er mich genommen hat. Er hat mir einen freien Willen gegeben, aber den hat Er auch. Das heißt, im Idealfall kann ich so sein wie Er. Besser oder größer kann ich nicht sein, sonst müsste ja noch von irgendwoher etwas anderes dazugekommen sein. Also kann ich sehr wohl Gott an mir messen. Wenn nämlich von nirgendwo etwas hinzugekommen ist, wenn ich also ein Teil von Ihm bin, dann muss mein Verstand, mein Gefühl und meine innere Wahrheit ihren Ursprung in Ihm haben. Er kann - und tut es auch - darüber hinausragen, aber alles, was ich bin, muss sich auch in Ihm finden lassen. Ich kann nicht mehr sein als Er und auch nicht mehr werden.

Warum hat Er mich dann erschaffen, warum braucht Er mich. Wieder bleibt nur eine Antwort übrig:

Um Erfahrungen zu machen oder, um es anders auszudrücken, um Träume zu verwirklichen!

Die Möglichkeiten zu träumen wurden schon seit jeher von allen möglichen weltlichen und religiösen Institutionen weitestgehend eingeschränkt. Meist mit der Begründung, was ich sage, ist die Wahrheit, und außer dem gibt es keine Wahrheit. Und die meisten Menschen glauben dieses absurde Machtgebaren.

Was ist Wahrheit? Es gibt schlicht und einfach keinen Sinn zu sagen, Gott besitzt alle Wahrheit und will, dass wir diese Wahrheit erkennen. Das wäre sehr viel einfacher zu haben gewesen und es rechtfertigt auch in keinster Weise die „Nebenwirkungen" dieser Wahrheitssuche wie Krankheit, Kriege, Leid ...

Die Wirklichkeit sieht anders aus: Jeder hat seine Wahrheit, die nur für ihn und auch nur heute gültig ist!

Wer Kirchengeschichte studiert, merkt sehr schnell, wie oft absolute Wahrheiten schon verworfen oder geändert wurden. Vieles, was Sie heute in der Kirche tun sollen und tun dürfen, hätte Sie in früheren Jahrhunderten in die Hölle gebracht!

Wahrheit gibt es immer nur eine, und das ist die, die ich in diesem Moment in mir fühle. Nur das ist Wahrheit! Es gibt keine andere Wahrheit als meine! Und wenn die ganze Welt dagegen ist, ist es noch immer meine Wahrheit, und nur die soll ich leben!

Das Leben ist keine Schnitzeljagd, wo Gott „Wahrheit" und andere Dinge versteckt hat, die wir finden sollen. Unsere Aufgabe ist es nicht, Dinge zu finden, die Gott schon lange kennt! Das ist immer noch gedankliches Mittelalter!

Gott weiß alles und kennt alles. Doch hat Er eines nicht: Erfahrungen und die Gefühle, die daraus resultieren! Und das ist es, was Er von uns will. Er hat alles, ein unendliches Wissen und ein unendliches

Bewusstsein, und wir sollen damit spielen und Ihm sagen, wie wir uns damit fühlen.

Grundvoraussetzung für ein erfülltes Leben ist daher: authentisch sein. Ich selbst sein. Meine innere Wahrheit fühlen und leben, auch wenn alle anderen eine andere Wahrheit leben! Ansonsten hätte Gott wohl ein Mensch genügt!

Jeder Mathematiker weiß, dass ich eine unendliche Linie oder Zahlenreihe nicht definieren kann. Ich kann zwar sagen, hier kommt sie vorbei, sie hat an diesem Punkt die folgenden Koordinaten, aber wo sie sich noch überall hinerstreckt, lässt sich höchstens ahnen. Aber unseren unendlichen Gott, den sperren wir ein in ein nahezu „unendliches" Regelwerk. Er hat unseren Vorstellungen zu folgen, unseren Ansprüchen zu genügen und, niemand wird häufiger missbraucht, um Machtansprüche durchzusetzen, als Er.

Gott hat uns geträumt, und zwar mit der Fähigkeit zu träumen!

Das ist das Entscheidende! Wir haben die Fähigkeit zu träumen, und das ist unser größtes Talent. Es gibt tausend Beispiele dafür, wie ein Traum das Leben einzelner Menschen prägt. Ob es Columbus ist oder viele andere große Entdecker, Physiker, Erfinder, Schriftsteller. Sie alle haben schon als Jugendliche davon geträumt! Es war ihr Lebenstraum!

Gott will, dass wir für Ihn träumen. Er hat uns geträumt und will, dass wir nun für Ihn die Schöpfung weiterträumen.

„Das Leben ist ein Spiel, und wer es recht zu spielen weiß, gelangt ans große Ziel", heißt es in dem bekannten Lied „Nehmt Abschied Brüder"!

Das Leben ist tatsächlich ein Spiel, nur, wir nehmen es ernst! Alles, was Sie tun, ist ein Spiel, Sie wollten genau das spielen, genau die Erfahrungen machen, die Sie jetzt machen und schauen, wie Sie darauf reagieren, wie Sie damit umgehen. Und wenn Ihnen das Spiel zu dumm wird und Sie nicht mehr mitspielen wollen, dann träumen Sie sich ein anderes. Seien Sie sich bewusst, dass es ein Spiel ist! Aber seien Sie ein guter Schauspieler. Und freuen Sie sich auf Ihre Rollen! Ein Schauspieler freut sich nicht nur an den schönen Rollen. Er ist genauso froh und stolz auf sich, wenn er den Bösewicht oder das arme Schwein, das immer beschissen wird, perfekt spielt. Also spielen auch Sie es perfekt und wenn Sie es nicht mehr wollen, dann schauen Sie sich nach einer neuen Rolle um! Es gibt so viele Rollen, die wir haben können. Wieso gibt es nur so viele Leute, die die für sie bestimmte Rolle nicht spielen wollen, aber sich statt dessen ausgerechnet immer die Rollen aussuchen, die sie nicht spielen können! Logisch, dass sie immer unglücklich sind. Das liegt daran, dass sie die Rollen mit dem Verstand aussuchen statt mit dem Gefühl, und sich immer an der Wirkung orientieren, die diese Rollen nach außen haben:

Reich, schön, cool, Auto, Materielles, High Society!

Es ist wichtig, dass wir unsere Rollen träumen. Träume sind nie unehrlich, sie spiegeln unser wahres Inneres wider, das, worin wir uns wohl fühlen. Und das sind die Rollen, mit denen wir glücklich werden, auch wenn wir noch so arm und von der High Society unbeachtet bleiben. Alles andere sind keine Träume. Wer davon träumt, eines Tages eine berühmte Schlagersängerin zu werden, tut das äußerst selten aus einem tiefen inneren Gefühl heraus. In der Regel reizt uns daran das Geld, das Ansehen, die Berühmtheit, die Streicheleinheiten, die wir von außen bekommen. Wir sind erst dann wer, wenn wir es von allen Seiten bestätigt bekommen. Es gibt heute genügend, die diese Rollen zu spielen versuchen, und die meisten scheitern daran, dass sie eben nicht in der Lage sind, diese Rollen zu „spielen". Sie müssen notgedrungen daran zerbrechen, weil ihre Träume ihrer inneren Realität nicht entsprechen, weil sie nur nach außen gerichtet sind, nur nach der Wirkung auf die anderen trachten.

Wir dürfen Träume nicht mit normalen Wünschen verwechseln. Wünsche entsprechen dem Ego, Träume unserem eigentlichen Wesen. Sie decken sich nur bei hoch entwickelten Menschen. Ansonsten klaffen oft Welten dazwischen. Wünsche können uns Ansehen und Anerkennung von außen verschaffen, machen uns aber nicht glücklich, in Träumen steckt viel mehr Herzblut, viel mehr Gefühl. Sie sind unabhängig von irgendeiner Wirkung auf andere, sie können sie haben oder nicht, aber sie machen uns glücklich auch ohne materiellen Hintergrund, selbst dann, wenn es sich um Dinge handelt, wo andere nur irritiert den Kopf schütteln.

Den Wünschen fehlen schlicht die Flügel, um sich über die Niederungen unserer Kurzfrist-Bedürfnisse zu erheben, die allesamt eines gemeinsam haben: Sie befriedigen uns nur äußerlich, sie erfüllen uns nicht wirklich und machen uns nicht glücklich. Was wir brauchen sind geflügelte Wünsche, Träume eben, die unser Innerstes berühren, die uns abheben lassen, uns „auf den Schwingen des Traumes" emportragen in eine Welt, in der Zufriedenheit wohnt, ein stilles Lächeln, der Glanz in den Augen und die Freude am Leben.

Spielen Sie nicht nach fremden Spielregeln. Drücken Sie dem Spiel Ihre Regeln auf. Das geht auch, wenn Sie morgens um sieben im Büro sein müssen. Träumen Sie, dass Ihnen genau das gefällt, oder träumen Sie, dass Sie einen Job haben, der anders aussieht. Aber träumen Sie realistisch. Unrealistisch ist, um zehn anfangen zu wollen und um vierzehn Uhr aufzuhören.

Ein Junge wird achtzehn Jahre alt. Er wünscht sich ein Auto. Ein anderer Junge wird auch achtzehn! Schon lange Zeit träumt er vom Autofahren. Er wünscht sich nichts sehnlicher als ein Cabrio! Viele Stunden hat er schon in seinem Cabrio verbracht, in seinen Träumen ist er schon am Meer gewesen und in den Bergen, er ist in strahlendem Sonnenschein durch herrliche Landschaften gefahren, hat „sein" Auto gepflegt und gestylt. Felgen, Sitze, Lenkrad, Hifi-Anlage, alles trägt seine Handschrift, alles ist für ihn gemacht, alles ist individuell und einmalig! Immer wieder schwärmt er seinen Eltern vor, wie großartig „sein" Cabrio ist, wie er es sich vorstellt und wie glücklich er damit ist.

Nun, wenn Sie nur ein Auto zu verteilen hätten, wem würden Sie es geben?

Warum sind wir auf der Welt? Um zu träumen und um Erfahrungen zu machen, um „Realitäten" zu erschaffen, sie zu verfeinern und zu vervollkommnen und uns an ihnen zu freuen. Und nachdem wir gesehen haben, dass grundsätzlich alle Erfahrungen erlaubt sind, geht es eben auch darum, die Erfahrungen auszuwählen.

Ich möchte es noch präzisieren: Ziel der Schöpfung ist es, die Erfahrungen zu machen, die wir machen wollen, und die Gefühle zu entwickeln, die wir sein wollen. Das, was uns Freude macht, was uns ein Strahlen ins Gesicht zaubert! Und wir sind tatsächlich frei in den Erfahrungen, die wir machen. Wenn Ihnen Ihre Lebensumstände nicht gefallen, träumen Sie sie um!

Das Handwerkszeug ist das Träumen. Wenn sich die Zukunft aus der Gegenwart herausentwickelt, dann können wir morgen den Traum von heute leben. Sie sind frei in Ihrem Traum! Sie können Angst und

Mangel zu Ihren Begleitern erheben oder Freude, Glück und innere Zufriedenheit!

Das gilt für alles, für alle Lebensbereiche. Ich möchte mich auf die drei wichtigsten beschränken:

Materiell : Geld und Beruf

Beziehung: Partner und Kinder

Körper: Gesundheit und Schönheit

Doch bevor wir anfangen zu bauen, lassen Sie uns erst das Fundament legen. Das wird in den meisten Fällen vergessen. Man freut sich am fertigen Haus und beim ersten Sturm fällt es wie ein Kartenhaus zusammen.

Das Fundament ist das Heute!

Wie wir nicht in die Luft bauen können, so können wir auch nicht ohne Grundlage träumen. Wir müssen beim Heute anfangen! Immer! Dazu müssen wir aber zuerst einmal das Heute akzeptieren! Ein häufiger Fehler ist es, das Heute abzulehnen und ein neues Morgen zu träumen. Das funktioniert nicht! Damit zerschlagen wir das Fundament, und ohne Fundament wird unser Haus nie sicher stehen können! Nur wenn wir das Fundament akzeptieren, können wir darauf bauen. Sie müssen sich mit dem anfreunden, was Sie heute haben! Akzeptieren, dass es so ist, wie es ist! Es ist Ihr eigenes Werk! Sie haben es gestern gesät und niemand anders!

Wir müssen aufhören, anderen Schuld zuzuweisen. Niemand kann in Ihr Leben eingreifen, kein Mensch, kein blindes Schicksal und Gott tut es erst recht nicht. Gut! Sie haben es nicht besser gewusst! Aber es bleibt trotzdem Ihr Werk! Anerkennen Sie es als Ihr Werk! Geben Sie ihm einen Platz in Ihnen! Es ist das Beste, das Sie aus den gegebenen Umständen und aus Ihrem damaligen Wissen heraus machen konnten! Lieben Sie es als eine Erfahrung, die Ihnen immer zur Verfügung stehen wird. Es ist nicht das, was Sie sich als Endziel vorgestellt haben, aber es ist eine Grundlage, auf der Sie bauen können! Stellen Sie sich auf Ihr Fundament und formulieren Sie ein neues Ziel. Hier bin ich und das akzeptiere ich und das da möchte ich morgen sein! Und dann träumen Sie davon in allen Einzelheiten und richten Sie Ihr Leben danach aus! Viele haben keine langfristigen Träume mehr, nur noch kurzfristige, die sich nur um den momentanen Genuss drehen. Das bringt immer anschließend das Gegenteil, auch wenn sich materiell der Traum erfüllt, bleibt die „Erfüllung" aus.

Langfristige Träume: Beziehung, Familie, Kinder, Beruf, Haus, Lebenssituation oder auch spirituelle Entwicklung erfordern Durchhaltevermögen, und das ist einer der Gründe, warum wir hier sind.

„Drüben" wird nicht materiell gearbeitet, drüben wird nur geträumt, aber die Träume verwirklichen sich sofort! Das ergibt sicher sehr viele schöne Träume, viele sind dadurch aber auch unvollendet, unausgegoren, vielleicht sogar unerwünscht, weil sie nicht zu Ende gedacht worden sind. Das sind dann Träume wie: Dieses

Auto muss ich haben, ohne zu bedenken, dass es gar keinen Kofferraum hat, nur zwei Sitze und ihm die Alltagstauglichkeit - auf die ich angewiesen bin - fehlt. Oder so eine Traumvilla will ich auch, ohne die Arbeit zu bedenken, die die vielen Zimmer oder der Garten mitbringt, und die ich überhaupt nicht will. Es fehlt sozusagen der Feinschliff oder die Reife, die ein Traum nur durch die „Dauer des Träumens" erhält, durch seine Veränderung im Laufe des Prozesses des Träumens. Das geschieht durch unser Durchhaltevermögen!

Träumen ist zeitgebunden! Daher ist die Erde so wichtig. Drüben gibt's alles sofort. Somit ist es nicht möglich, an den Träumen zu arbeiten, sie im Zeitablauf zu verwirklichen, sozusagen Träume im Traum zu perfektionieren, ohne zuerst Teilergebnisse realisieren zu müssen. Eigenschaften wie Konstanz, Zähigkeit, Ausdauer und Zielstrebigkeit sind nur hier zu verwirklichen, und zwar am besten über Träume. Grundvoraussetzung für alles ist aber ein starker Wille!

Wenn wir sauber analysieren, dann dient nahezu jede irdische Tätigkeit dazu, uns zu lehren, wie man Träume verwirklicht, oder anders ausgedrückt, die Eigenschaften zu entwickeln, mit denen sich Träume am besten verwirklichen lassen. Und gerade auch so viele, von „geistigen" Menschen verpönte bzw. verachtete Tätigkeiten und Ideale zählen dazu:

Um mit Geld sinnvoll umgehen zu können, muss man träumen können: Erstens einen Traum haben, auf den man sparen kann, und zweitens muss man in der Lage sein, „sich selbst zu träumen", nur dann kann man sich beschenken. Alles andere ist Geiz oder Raffgier.

Schlank und vital sein verlangt von vielen äußerste Mühe und Willensanstrengung!

Bodybuilding, Körperkultur, Sex, Arbeitsstelle, Sie können nehmen, was Sie wollen, immer wieder ist die Triebfeder ein Traum.

Wichtig ist nicht, um was für einen Traum es sich handelt, ob er uns wertvoll oder wertlos erscheint. Das sind Wertungen, die es im Geistigen nicht gibt. Alles ist gleich wertvoll, weil es nämlich bei unserem Leben nicht nur um die Träume als solche geht, sondern vor allem darum, das Träumen zu lernen.

Nur Träumen reicht allerdings in dieser materiellen Welt nicht aus! Als ausführende Organe sind schon auch die entsprechenden Handlungen, körperliche oder geistige Anstrengungen von uns gefordert.

Wenn Ihnen Ihr Beruf nicht genügend Bestätigung bietet, dann träumen Sie sich einen neuen. Aber Sie werden nicht umhinkommen, auch entsprechende Ausbildungen, Fortbildungen oder Kurse zu machen. Der Unterschied zwischen rein verstandesmäßigem Entscheiden und der Kombination von Verstand und Träumen ist allerdings der, dass Sie im letzteren Fall nichts mit Gewalt entscheiden müssen. Es kommt auf Sie zu! Doch zugreifen müssen Sie schon noch!

Ich nenne es gerne den „Fluss des Lebens". Träume können uns in den Fluss des Lebens einklinken, uns mit ihm synchronisieren. Der Fluss des Lebens ist die Summe all dessen, was unser Leben hier beeinflusst: Unsere Lebensplanung (in der wir die „Eckdaten" unseres Lebens festgelegt haben, die Aufgaben, die wir erfüllen, das Ziel, das wir erreichen wollen) wie auch alle Gedanken, Gefühle und Träume aus der Vergangenheit, und eben auch unsere heutigen Träume.

Wir gehen immer noch viel zu sehr davon aus, dass das Leben eine Prüfung ist.

Ein großes Problem beim Träumen ist nämlich unsere heutige Denkweise, nur das Ziel zu sehen. Nur der Erfolg zählt, nur der Gewinner. Unser Leben ist ja auch gespickt mit Prüfungen. Und alle prüfen nur ein Endergebnis, oft genug ein sehr abstraktes.

Wenn es um Erfahrungen geht, ist nicht das Ziel wichtig, sondern der Weg. Erfahrungen entstehen auf dem Weg, wie bei einer Himalaja-Expedition, wo auch der Weg das Ziel ist! Keiner kommt auf die Idee, mit dem Flugzeug hinaufzufliegen und zu sagen, ich habe den Himalaja bezwungen!

Es gibt in unserem Leben viele Prüfungen, die wir nicht verstehen. Nicht Prüfungen für Gut oder Böse oder für den Himmel oder die Hölle. Die gibt es nicht! Es sind Prüfungen, die wir uns selbst auferlegt haben, in denen es darum geht, etwas durchzustehen und trotzdem an unserer Überzeugung festzuhalten. Prüfungen, bei denen es letztendlich darum geht, halte ich an der Liebe fest, egal was kommt? Dabei gibt es kein Ziel. Es ist der Weg, der die eigentliche Prüfung ist. Daher denken wir oft im Leben, wir hätten versagt, weil wir kein Ergebnis sehen, oder ein anderes, als wir uns vorgestellt haben, vielleicht sogar eine Katastrophe für uns. Und doch haben wir die Prüfung, die dahinter steht, bestanden, weil wir uns treu geblieben sind und trotz allem Zweifel an der Liebe zu uns, zum Leben und zum Vater beziehungsweise zur Mutter festgehalten haben.

In Mathematik müssen wir die Aufgaben lösen, sonst ist die Prüfung nicht bestanden. Im Leben geht's darum, trotz Nichtwissens der Aufgaben oder einzelner Aufgaben, uns nicht zu verändern, uns treu zu bleiben und unserer Überzeugung. So versetzen wir uns gerade durch das vermeintlich negative Ergebnis einer Lebensprüfung in ein negatives Gefühl (Schuld, Vorwurf), wo wir die Prüfung doch eigentlich mit Bravour bestanden haben.

Ganz schlimm empfinden wir dabei oft von uns selbst verschuldete Dinge (Unfälle mit Eigenverschulden, finanzielle Notlagen aus Eigenverschulden, schief gegangene Spekulationen), obwohl in Wirklichkeit alles „selbstverschuldet" ist, alle „unverschuldeten" Unfälle genauso wie alle Krankheiten.

Hier in unserem materiellen Leben nehmen ja die Prüfungssituationen auch tatsächlich einen sehr großen Raum ein. Und wir sind schon so darauf fixiert, dass wir es uns gar nicht mehr anders vorstellen können! Aber es war nicht immer so. Unser heutiges Schul- und Prüfungssystem ist noch keine hundert Jahre alt und ich bin sicher, dass es keine weiteren hundert Jahre mehr überleben wird! Eher weit weniger! Es ist unsinnig und völlig unnötig und sagt überhaupt nichts über die tatsächliche Eignung für einen Beruf aus, wenn Prüfungssituationen erschaffen werden, die nur auswendig gelerntes Wissen abfragen können und die unsere seelische und geistige Einheit so durcheinander bringen, dass viele auf der Strecke bleiben, die ansonsten sehr gute Voraussetzungen mitbringen. Wie viele Genies und Menschen, die später Großes geleistet haben, sind schon von der Schule geflogen?

Unser Schulsystem ist zusammen mit der Bürokratie geradezu ein Prototyp für „Nichtträumen"! Statt Träumen nur Vorschriften und Richtlinien. Bildung und Intelligenz werden hauptsächlich an Rechtschreibung festgemacht. Was zählt, das sind Einzelleistungen, Einzelaspekte und Einzelnoten. Wachstum wird definiert als Zuwachs an Einzelfachwissen. Was wir damit produzieren sind Spezialisten, die ein winziges Gebiet perfekt beherrschen, aber keinen Überblick über das Ganze mehr haben. Das ergibt dann Ingenieure, die in der Lage sind, alles zu verbessern, aber nicht wirklich brauchbare, zukunftsweisende Erfindungen zu machen. Hierzu braucht man Träume!

Unser Schulsystem zielt darauf ab, Befehlsempfänger zu produzieren. Es lässt keinen Platz für inneres Wachstum und beschränkt sich auf reine Wissensvermittlung. Die viel wichtigere Wissensverarbeitung, die Kreativität, das Spielen mit den Möglichkeiten, schlicht das Träumen findet nicht statt. Das ergibt angepasste, konditionierte Wesen, gut funktionierende „Staatsbürger", anders ausgedrückt: „Nichtträumer"!

Eine Untersuchung an mehreren hundert Menschen, die in den Slums einer südamerikanischen Großstadt aufgewachsen sind, zeigte bis auf wenige Ausnahmen die erwarteten Ergebnisse. Die wenigen Ausnahmen waren Menschen, die es sehr weit gebracht hatten und nun in angesehenen Berufen tätig waren. Bei näherem Hinsehen fiel auf, dass alle von derselben Schule stammten, und alle gaben als Grund für ihren unerwarteten Aufstieg ihre ehemalige Lehrerin an. Als diese dann gefunden war und über ihre Wundermethoden berichten sollte, begann sie:

„Ich hatte einen Traum..."

Doch wir haben uns heute so an unseren „traumlosen" (oder sollte ich sagen: „wenig traumhaften") Zustand gewöhnt, dass wir gar nicht mehr in anderen Kategorien denken können! Träume erscheinen uns nutzlos, vertane Zeit, nur Prüfungen öffnen den Weg zum Erfolg. Zudem *wird uns von allen Religionen ständig vorgesagt, dass dieses Erdenleben eine Prüfung ist, und dass erst die bestandene Prüfung den Weg zum Himmel ebnet.*

Und ich sage Ihnen: Es gibt keine Prüfung!

Und es kann auch keine geben! Wofür denn auch! Wir lernen durch Erfahrungen und Erfahrungen kann man nicht auswendig lernen, nicht abfragen, nicht prüfen. Man kann sie nur erfahren, leben und fühlen. Jede Prüfungssituation beschwört Versagen herauf! Angst vor dem Versagen und möglichen Fehlern besetzt das Zentrum unseres Bewusstseins. Wir sind nicht mehr zentriert in uns, und fallen aus dem Gleichgewicht. Wie soll da etwas Großartiges zustande kommen?

Großartiges entsteht nur durch die Freiheit, Fehler machen zu dürfen. Voraussetzung ist Angstfreiheit. Auch wenn ich mich tausendmal wiederhole: Sie dürfen alles! Alles! Alles! Und es gibt keine Prüfung! Die Prüfung ist der Weg und der Weg ist das Ziel und das Ergebnis entsteht von selbst!

Der Weg ist das Ziel!

Wenn Sie auf Ihrem Weg vom Bösen zum Guten alles Böse aufgesammelt haben, alles annehmen können, aber nur noch die Gefühle akzeptieren, die Sie leben wollen, die Ihnen gut tun, mit denen Sie sich gut fühlen! Wenn Sie auf diesem Weg gelernt haben, sich in Liebe anzunehmen und Ihre Gefühle selbst auszusuchen, dann haben Sie den Aufstieg geschafft!

Aufstieg braucht keine Übungen, keine Methoden, keine Gurus, keine Askese!

Aufstieg ist nichts anderes als die Fähigkeit des Selbst, sich aus der Abhängigkeit von anderen zu befreien, sich selbst zu lieben, Freude und Frieden zu erzeugen und seine Gefühle selbst zu wählen.

Prüfen Sie alles! Auch das, was ich sage! Es muss für Sie einen Sinn ergeben! Wenn es für Sie keinen Sinn ergibt, ist es nicht richtig! Es gibt nur eine Wahrheit, und das ist Ihre eigene!

Allerdings haben die allermeisten von uns keine eigene Wahrheit, meist noch nicht einmal eine eigene Meinung. Früher war es die Meinung der Obrigkeit, der Kirche, des Staates, die kritiklos übernommen wurde, heute sind es die Medien, die diese Rolle übernommen haben!

Sie müssen es wieder lernen! Sie müssen sich selbst wieder entdecken! Sie sind wer! Nicht nur einer von vielen! Und Sie haben Gewicht! Niemandes Meinung zählt mehr als Ihre, niemandes Erfahrung zählt mehr als Ihre. Gott will Ihre Meinung hören, Ihre Erfahrung sehen, Ihre Wahrheit kennen lernen. Er will nicht, dass Sie Ihm meine Wahrheit oder die irgendeines anderen erzählen! Sie müssen Ihren eigenen Weg gehen! Wenn Sie meinen Weg gehen, dann machen Sie etwas falsch!

„Ich bin der Weg und die Wahrheit", sagt Jesus! Wir müssen genau hinhören! Würde er sagen, ich bereite

euch einen Weg mit meinen Lehren und mit meinen Geboten, dann müssten wir ihm nachlaufen! Aber: „Ich bin der Weg", oder an anderer Stelle: „Tut dasselbe wie ich", oder an anderer Stelle noch deutlicher: „Ihr werdet noch größere Werke tun als ich", oder an anderer Stelle: „Folgt mir nach"!

Was tut denn ein Nachfolger. Er tut das gleiche wie sein Vorgänger. Er leitet den Betrieb, wie er es von seinem Vorgänger gelernt hat. Und wenn er es gut macht, dann erkennt er die Zeichen der Zeit, dann modernisiert er beizeiten den Betrieb, führt neue Vertriebsstrukturen ein und hält damit den Betrieb wettbewerbsfähig. „Nur-Nachfolger" im wörtlichen Sinne gibt es auch. Sie laufen in den alten Gleisen, bringen nichts Neues, das geht noch einige Jahre gut, dann ist der Betrieb bankrott!

Jesus sagt: Tut das gleiche wie ich! Ich bin meinen Weg gegangen, durch dick und dünn, durch viele schöne Stunden, doch ich werde ihn auch gehen, wenn es hart wird! „Ich bin der Weg", auf dem ein Gottesfunke, Erfahrungen sammelnd, zum Vater geht! Und du bist der Weg, auf dem ein anderer Gottesfunke, Erfahrungen sammelnd, zum Vater geht!

Wir alle sind der Weg! Ich bin mein Weg und Sie sind Ihr Weg! Wir alle tun uns oft furchtbar schwer, unseren Weg zu gehen. Viel lieber würden wir den Weg des Nachbarn gehen, der gerade im Lotto gewonnen hat, oder den des Popstars oder...

Aber es gibt nur einen Weg, und das ist meiner! Und eine Wahrheit, und das ist meine! Wir müssen lernen, an uns zu glauben! Ich bin wer, Sie sind wer, und keiner ist wichtiger! Der Mörder und der Penner, Sie, ich, der Heilige und der Meister, wir alle sind gleichwertige Instrumente Gottes, denn alle Instrumente zusammen ergeben erst das große Schlusskonzert. Bleibt auch nur ein Instrument, ein Gottesfunke, eine Erfahrung aus, ist es wie mit der großen Turmuhr: Wenn Sie von ihren tausend Zahnrädern eins wegnehmen, und sei es auch nur das kleinste, bleibt sie für alle Ewigkeit stehen! So einfach ist das!

Glauben Sie an sich, und lieben Sie sich! Gott liebt Sie auch! Stellen Sie sich doch nicht über Ihn! Er hat Sie erschaffen, wollen Sie Ihm vorwerfen, dass Er Mist gebaut hat? Er weiß sehr wohl, was Er getan hat, und Er glaubt an Sie! Glauben Sie auch an sich!

Fangen Sie an, sich eine eigene Meinung zu bilden. Nicht im Kopf! Im Herzen! Fühlen Sie alles in Ihrem Herzen! Wie fühlt es sich an? Behalten Sie das, was sich gut anfühlt. Haben Sie keine Angst vor Irrtum oder Fehlern! Die gibt es nicht! Es gibt nur Weiterentwicklung! Niemand kommt auf die Idee, das erste Flugzeug als Fehler zu bezeichnen, nur weil die heutigen schneller und größer sind. Oder den ersten Computer, oder das erste Auto, oder...

Überall akzeptieren wir den Fortschritt als gut, aber ohne dass nun plötzlich alles schlecht wird, was vorher war und als Grundlage für diese Weiterentwicklung gedient hat. Aber im Geistigen, im Spirituellen, da ist alles anders. Die einen halten an allem Alten fest, ohne Bereitschaft zur Weiterentwicklung, für andere ist immer alles falsch, was vorher war, ohne Bereitschaft, das Gute zu übernehmen und darauf aufzubauen! Freud ist falsch, weil er alles aufs Sexuelle reduziert hat, Jung ist falsch, weil er den Einzelnen seinem „kollektiven Unbewussten" untergeordnet hat, die Kirche ist falsch, weil sie die Hölle erschaffen hat...

Nichts ist falsch! Alles ist richtig! Und zwar für den, der diesen Weg gehen und diese Wahrheit leben will! Und vielen fällt das Verdienst zu, auch wenn sie mit ihren Erkenntnissen noch so falsch gelegen haben mögen, dass sie diejenigen waren, die als erste ein Tabu gebrochen haben, als erste bestimmte Themen aufs Tapet gebracht und bestimmte Entwicklungen angestoßen haben, auf die wir anderen dann bauen können. Es gibt nichts, was verworfen werden muss! Alle Erfahrungen können verwendet werden. Überall steckt etwas drin, was für jemanden wichtig ist. Und wenn es uns nur sagt: Mach's anders!

Träumen Sie sich Ihre eigene Wahrheit und haben Sie den Mut, sie weiterzuentwickeln und weiterzuträumen. Nehmen Sie alles dazu, was sich für Sie gut anfühlt, und entfernen Sie das, was sich nicht mehr gut anfühlt. Aber nennen Sie es nicht „schlecht"! Lassen Sie ihm seinen Platz, den es ja auch einmal gehabt hat! So kommt es auch, dass mich heute nur manche von Ihnen verstehen. Sie werden sagen, ja, genau das ist es, genau das hat mir noch gefehlt. Und Ihre Augen werden leuchten, und meine auch! Und es werden andere sein, die sagen: Entschuldigung, aber damit kann ich nichts anfangen. Das sind die, die an einem anderen Punkt stehen. Vielleicht kommen sie morgen an den Punkt und erinnern sich daran. Vielleicht gehen sie auch einen völlig anderen Weg und kommen über eine völlig andere Route zum Ziel. Und das ist richtig und gut so! Aber meins ist auch richtig und gut so! Und ich bin sicher, einen Satz zumindest gibt es, der Ihnen etwas bedeutet, der für Sie geschrieben ist! Sonst hätten Sie dieses Buch nicht erhalten! Nehmen Sie diesen Satz an. Blockieren Sie sich nicht selbst durch Vorurteile oder zu schnelle Urteile. Wir haben eine dumme Angewohnheit! Wir können nichts einfach so stehen lassen. Wir müssen alles bewerten, zu allem unseren Senf dazugeben und vor allem, es wäre uns am liebsten, wenn wir auch demjenigen, der diesen Blödsinn verzapft hat, eins auswischen könnten, und er seine „gerechte Strafe" erhalten würde!

Wir müssen aufpassen:

Es ist ein großer Unterschied, ob ich eine Lehre verwerfe, weil sie für mich nicht stimmig ist, weil sie für mich keinen Sinn ergibt oder den von mir akzeptierten Tatsachen oder Wertvorstellungen widerspricht oder Angst verbreitet, so wie ich bisher *ja auch einige aufs Korn genommen habe! Oder aber, ob ich hergehe und den Urheber dieser Lehren verurteile oder auch nur beurteile. Ersteres ist wichtig und auch notwendig, denn ich soll ja meinen eigenen Weg gehen und nicht den eines anderen! Letzteres dagegen steht mir nicht zu!*

Ich weiß nicht mehr, wo ich das gelesen habe:

Wer solche Lehren aufstellt, ist ein Narr! Wer diese Lehren glaubt, ist ein noch größerer Narr! Aber der größte Narr von allen ist der, der entweder den einen oder den anderen verurteilt!

Wie oft denken wir so und merken nicht, dass wir uns als Gott aufspielen! Nein, nicht als Gott, denn Gott richtet nicht! Richten ist eine rein menschliche Angewohnheit! Nur um es zu legitimieren, haben wir es Gott zugeschrieben! Wir stellen uns über Gott, und genau das ist es, was auf uns zurückfällt! Genau das ist es, was uns das Leben schwer macht, was uns die Leichtigkeit nimmt und uns vom Fluss des Lebens abkoppelt! Unser Zwang zu richten, unser Urteil, unser Neid! „Richtet nicht, auf dass ihr nicht gerichtet werdet!" Auch einer der Sätze, die in den meisten Bibeln zu fehlen scheinen!

Es gibt immer zwei Sichtweisen:

„So ein Blödsinn, neunundneunzig Prozent davon ist Schrott!", oder aber: „Ein Traumbuch! Da steht ein Satz drin, der für mich wichtig ist, ein Gedanke, nach

dem ich schon lange gesucht habe. Das ist Spitze, das hat sich gelohnt!"

Nachdem ich öfters Anfragen bekomme, wer denn dieser „Benjamin Klein" sei, möchte ich gerne ein paar Worte über dieses Thema sagen. Die meisten wollen wissen, „wer" er ist, „was" er ist, und zu welcher Religionsgemeinschaft er gehört. Auf meine Frage, warum sie das wissen wollen, erhalte ich meist die Antwort: „Ja, ich muss doch beurteilen können, ob das stimmt, was er schreibt!" Einmal sagte eine ältere Dame: „Ja wissen Sie, wenn er nicht katholisch ist, dann möchte ich das Buch lieber nicht haben."

Es ist wieder Mal die Angst, die diese Fragen stellt! Mit unserem Schubladendenken wollen wir alles irgendwo einordnen. Damit fühlen wir uns sicherer! In Wirklichkeit schneiden wir uns dadurch von vielem ab, das vielleicht auch für uns wertvoll ist, und wenn es nur einzelne Anregungen sind. Auch ist vielen nicht klar, wie ein solches Buch überhaupt zustande kommt! Seit das Wort „Channeling" in Mode gekommen ist, trennen wir noch stärker zwischen „Durchsagen aus der geistigen Welt" und dem „was sich einer selbst ausdenkt". Und zwar unter ganz verschiedenen Vorzeichen. Für die einen ist Channeling das Non plus ultra, andere lehnen es völlig ab. (Mit channeln bezeichnet man den Vorgang, wenn geistige Wesenheiten durch einen Menschen in Trance oder - seltener - im Wachzustand reden. Weit überwiegend sind es übrigens Frauen!) Heute gibt es sehr viele gechannelte Botschaften und Bücher, und ich kenne - und liebe - viele davon, auch wenn ich bei weitem nicht hinter allem stehe. Es gibt auch welche, die einen eher schmunzeln lassen. Das Schmunzeln ist übrigens etwas, das heute viele verlernt haben. Es wieder zu lernen, wäre nicht schlecht. Bei vielem könnten wir, statt es abzuwerten und abzulehnen, einfach schmunzeln. Dann hätten wir's sogar geschafft, selbst mit den Dingen, die uns gar nicht passen, noch ein angenehmes Gefühl zu erzeugen. Doch gechannelt oder nicht ist überhaupt kein Kriterium für die Richtigkeit oder Stimmigkeit des Inhalts. Es gibt Menschen, die leicht in Trance fallen, denen es also leicht fällt, ihr Bewusstsein vom Körper zurückzuziehen. Und manche können dann ihren Körper für kurze Zeit mit geistigen, also körperlosen Wesen teilen. Doch ist das für sich alleine genommen keinerlei Beweiß für die Richtigkeit oder den Wert des „gechannelten Materials". Erstens weiß niemand, auch das „Channel" nicht, wer jetzt denn wirklich durch sie spricht! Jeder kann sich nennen, wie er will, und sagen, wunder und was er sei, denn wie hier, gibt es auch „drüben" viele Aufschneider! Und zweitens - und das ist der entscheidende Punkt, der meistens unbeachtet bleibt - muss alles, was durch den Mund des Channels kommt, zuerst durch seinen Verstand! Die Stimmbänder lassen sich nicht wie ein Mikrophon vom „Jenseits" aus steuern! Es ist derselbe Weg, den alle Information geht, genauso, wie wir es anfangs beschrieben haben! Es sind Gedankenimpulse, die im

Gehirn in Worte umgesetzt werden! Das Gehirn ist die Relaisstation und der Transmitter! Aber das ist nichts anderes, wie es jeder andere auch tut! Niemand schreibt ein Buch „aus sich heraus". In mir ist nichts drin! Es ist alles um mich herum. Alle Information, alles entnehmen wir als Gedanken dem riesigen „Daten-Pool" des Universums. Meine Bücher sind nicht gechannelt. Ich erhalte das Material „so"! Man könnte vielleicht sagen, es fließt aus mir heraus, oder noch besser und treffender, es fließt durch mich hindurch! Aber ich muss mich vorher lange und intensiv mit dem Thema beschäftigt haben, muss Literatur sichten und entsprechend recherchieren, darüber nachdenken, das Aufgenommene zunächst einmal selbst „verarbeiten" und ihm „Raum geben" in mir.

Was ich damit sagen will:

Es existiert kein substantieller Unterschied zwischen irgendeiner Form des Schreibens und einer anderen. Es kommt alles „von oben", allerdings aus unterschiedlichen Bereichen, mit teils völlig unterschiedlicher Färbung und mit meinem Stempel. Und aus welchem Bereich es stammt, hat mit der Art des Empfangens nichts zu tun. Es hängt erstens von meiner eigenen Schwingung ab, ob ich in der Lage bin, mich auch mit höheren geistigen Ebenen zu verbinden, und zweitens von meiner Bereitschaft oder Fähigkeit, mich zu öffnen, mein Ego zurückzunehmen! Es ist mein eigener Bewusstseinszustand, der mir den Zugang zu den entsprechenden geistigen Ebenen öffnet, und das gilt für alles, auch für das „Channeln". Dieser mein Bewusstseinszustand ist es, auf den es ankommt! Und genau den können Sie nicht an Äußerlichkeiten festmachen, auch nicht an der Zugehörigkeit zu irgendwelchen Gruppen. Den können Sie nur erfühlen, wenn Sie sich darauf einlassen. Wahrheit entsteht nur innen, und zwar in mir! Wir müssen fühlen, ob etwas für uns stimmig ist oder nicht – und dann ist es egal, aus welcher „Ecke" es kommt!

Das ist auch genau die Einstellung, die wir zum Träumen brauchen: Eine Mischung aus Verstand und Gefühl! Wir haben einen Verstand und sollen ihn gebrauchen. Ideal ist es, wenn beide zusammenarbeiten. Doch während manche den Verstand ganz ausschalten und nur mit dem Gefühl arbeiten, versucht oft der Verstand das Gefühl zu dominieren.

Wenn Sie sich einen neuen Beruf träumen wollen, können Sie sagen, wir haben zehn Prozent Arbeitslose, das ist aussichtslos! Oder Sie können sagen, neunzig Prozent haben Arbeit, da gehör ich sicher auch dazu! Jeder kennt die Geschichten aus „Wirtschaftswunderzeiten", vom Tellerwäscher zum Millionär. Die wird es immer geben. Sie sind spektakulär, wenn auch nicht repräsentativ. Aber es gibt viele Männer und Frauen, die Großes geleistet haben, weil sie schon als Kinder einen Traum hatten und diesen Traum perfekt verwirklicht haben. Es gibt viele

Bücher, in denen Sie die Lebensgeschichten solcher Menschen nachlesen können. Thomas Watson (IBM) war einer davon oder Andreas Taylor Still, Begründer der Osteopathie, der schon als kleines Kind ständig Knochen sammelte und mit ihnen „spielte"! Oder Charles Goodyear, Beethoven, Edison, Mark Twain oder Henry Ford, der als Kind vom Automobil derart fasziniert war, dass es nichts anderes mehr für ihn gab. Das war sein Traum und an seiner Verwirklichung hat er hart gearbeitet. Viele große Firmengründer, Erfinder, Musiker, Sportler, sie alle hatten ihre Träume so intensiv gelebt, bis sie Wirklichkeit geworden sind.

Sie alle kennen Berichte von Menschen, die querschnittsgelähmt wieder gehen gelernt haben, die nach schwersten Unfällen - für die Ärzte völlig unfassbar - wieder Höchstleistungen vollbracht haben. Sie alle hatten einen Traum, und diesen Traum mit Leben erfüllt und mit ihrer ganzen Lebenskraft. Und vor allem, sie haben ihren Traum auch über viele Widrigkeiten hinweg aufrechterhalten. Kaum einer der ganz Großen, der nicht durch tiefe Täler musste - Verlust, Scheitern, schwere Krankheit - bevor er am Gipfel anlangte.

Sie brauchen zum Träumen keine große Vorbereitung. Keine Meditation, keine Askese, nichts! Träumen Sie, was und wie und wo es Ihnen gefällt und wann und wie oft. Gestalten Sie den Traum so real und so plastisch wie möglich.

Wenn Sie ein Haus bauen wollen, dann bauen Sie eins! Lassen Sie es in Ihrer Vorstellung entstehen mit allen Details. Bewegen Sie sich in den einzelnen Zimmern. Schmücken Sie es mit Bildern. Richten Sie es ein! Entwerfen Sie die Möbel! Die Küche sollte möglichst griffgerechte kurze Wege haben! Im Bad fehlt noch der Spiegel. Laden Sie Gäste ein. Schauen Sie, wie es Ihnen gefällt! Verändern Sie es, wenn Ihnen eine neue, bessere Idee kommt. Sie können auch in der „Realität" Pläne zeichnen, auch das gehört zum Träumen dazu. Und immer wenn Sie träumen oder sich mit Ihrem Haus befassen, seien Sie sich bewusst, dass das Ihr Haus ist, und, ganz wichtig, dass dieses Haus zu Ihnen kommt!

Und seien Sie sich bewusst, dass Sie es verdienen! Wir vereiteln viele Wünsche selbst, indem wir uns nicht für „würdig" halten. Dies ist die andere, die herkömmliche Denkweise, die so tief in vielen von uns verwurzelt ist, dass man meinen könnte, sie hätte sich schon in unseren Genen festgesetzt. Das liest sich dann folgendermaßen: Alles, was wir erhalten, ist ein unverdientes Geschenk Gottes an uns „arme Sünder". Wir müssen dankbar sein für das Notwendigste. Schon das „tägliche Brot" ist keine Selbstverständlichkeit, und dann noch etwas darüber hinaus verlangen? Das geht ja nun wirklich zu weit. Und viele, vor allem ältere Menschen, gehen noch einen Schritt weiter, der ihnen zwar meist gar nicht richtig bewusst ist, der aber trotzdem verheerende Wirkung zeigt. Das sieht dann so aus:

Dieses Erdenleben ist die Prüfung für den Himmel. Dann wird erstens diese Prüfung umso besser ausfallen, je dreckiger es mir hier geht, und zweitens ist Gott ja gerecht. Wenn es mir hier also schlecht geht (das ist ja nur eine kurze Zeit), dann werde ich es im Himmel umso besser haben. Und das ist die ganze Ewigkeit!

Lachen Sie nicht! Selbst unter „Nichtgläubigen" ist diese Denkweise noch zu finden. Etwas Ähnliches geht in uns vor, wenn wir für die „armen Negerkinder" spenden! Zumindest ist es für viele noch eine zusätzliche Motivation!

Die Welt ist anders! Alles steht uns zu! Gott wünscht sich nichts sehnlicher als unser Glück, als dass wir zugreifen und uns an Seinem Überfluss bedienen.

Selbstverständlich bedanke ich mich jeden Tag für mein Essen! Es ist einfach ein schöner Zug, und das Verrückte daran ist ja, das Danken zaubert dem Dankenden selbst ein Lächeln ins Gesicht! Nicht nur dem anderen, auch mir selbst tut das Danken gut! Probieren Sie's aus. Auch bei Selbstverständlichem, auch bei Dingen, die uns zustehen.

Legen Sie diese Opfermentalität ab! Es gibt nichts, das Ihnen nicht zusteht! Nichts! Das Universum ist unbeschränkte Fülle! Doch unsere materielle Realität erschaffen wir uns selbst! Mit unseren Gedanken, Wünschen und Träumen! Wenn es einen Mangel gibt, dann haben wir ihn erschaffen, weil wir uns auf den

Mangel konzentriert haben oder weil wir uns nicht getraut haben oder uns nicht für würdig befunden haben, vom Überfluss zu nehmen. Es ist immer so viel da, wie wir erschaffen! Immer und überall! Es gibt keine Hungergebiete aus Versehen oder aus Zufall oder aus „blindem" Schicksal. Und immer, wenn Sie etwas genauer hinsehen, werden Sie mir beipflichten müssen. Wir schauen leider viel zu oft durch unsere ideologisch verblendete Brille.

Alles, was Sie heute haben, haben Ihre Gedanken und Träume gestern erschaffen, und was Ihnen heute fehlt, das haben Sie zu träumen vergessen. Hierbei fließt alles zusammen. All unsere bewussten, aber auch alle unbewussten Träume, Gedanken, Wünsche, Sehnsüchte, alle Gefühle, alle Angst. Das heißt aber nichts anderes, als dass wir die Verantwortung übernehmen müssen für uns selbst, für unsere Gefühle, Lebensumstände, Krankheiten, Beziehungen, alles, was uns betrifft! Wenn Sie dazu bereit sind, dann erhält Ihr Leben eine völlig neue Qualität! Aber es ist auf der anderen Seite sehr viel bequemer, die Verantwortung auf einen anonymen Gott, ein blindes Schicksal oder - im Falle der Gefühle - auf die anderen abzuschieben, „die sowieso alle gegen mich" sind. Die Grundvoraussetzung, dass Sie Ihr Leben selbst in die Hand nehmen können, ist, dass Sie sich Ihrer selbst bewusst werden. Die meisten von uns leben ein ziemlich unbewusstes Leben. Sie sind sich ihrer Gedanken und Worte nicht bewusst, oft auch ihrer

Gefühle nicht. Die meiste Zeit verbringen sie damit, andere zu beurteilen und zu verurteilen:

Bei der Arbeit - dieser Idiot von Vorarbeiter!

Im Verkehr - wo hat der seinen Führerschein her!

In der Familie - nicht einmal zum Kochen taugt sie!

Vor dem Fernseher - sieh dir diesen Blödmann an!

Beim Sport - der Schiedsrichter ist gekauft!

Vielleicht fragen Sie sich, was das alles in einem Traum-Buch verloren hat?

Eine der wesentlichen Voraussetzungen fürs Träumen ist die Klarheit und Sauberkeit des Denkens. Wenn all unsere heutigen Bewusstseinsaktivitäten zusammen unser Morgen bilden, dann verhilft uns nur eines zu unserer Wunsch-Zukunft: Bewusstseinskontrolle!

Gott sei Dank haben unsere flüchtigen Gedanken, unser Dahergesagtes, unsere vielen Unachtsamkeiten nur sehr wenig Energie. Sonst würde es einiges schlechter um uns bestellt sein. Doch wenn wir anfangen, bewusst zu träumen, dann arbeiten wir mit wesentlich stärkeren Energien. Damit lässt sich auf der anderen Seite eben auch viel Schaden anrichten. Wir müssen uns bewusst sein, was wir träumen. Es wird Wirklichkeit werden, und wir müssen dann damit klar kommen!

Sie kennen die Märchen mit den drei Wünschen der Feen! Sie gehen meistens schief! Wir kommen oft mit dem Mangel besser zu Recht als mit dem Überfluss! Es gibt nirgends so viele Ehekrisen, als nach einem unverhofften Geldsegen! Und das gilt für alle Bereiche unseres Lebens! Seien Sie sich bewusst, dass Sie mit all Ihren Gedanken, Gefühlen, Handlungen, Wünschen, Ängsten und Träumen Ihre Zukunft gestalten, und schauen Sie sich's genau an. Will ich das wirklich?

Ich träume immer schon davon, reich zu sein - bin ich wirklich in der Lage, damit fertig zu werden?

Ich träume schon lange von einer schönen Frau - meine ich, dass meine Frau diesen Part spielen könnte, oder will ich wirklich eine andere?

Ich träume davon, der Boss in unserer Firma zu sein - bin ich den Anforderungen wirklich gewachsen?

Mein Sohn soll unbedingt einmal Akademiker werden - wird er damit wirklich glücklich werden?

Ich träume davon, perfekt Ski fahren zu können - will ich das, weil es Spaß macht? Habe ich überhaupt Lust, jedes Wochenende hunderte Kilometer zu fahren und im Lift Schlange zu stehen? Oder will ich nur meinem Nachbarn beweisen, dass ich besser fahren kann als er?

Ich träume schon lange von einem Mercedes, ist das wirklich ein Herzenswunsch von mir? Macht mich das glücklich? Zaubert es mir jedes Mal ein Lächeln ins Gesicht? Oder will ich nur meinen Arbeitskollegen mit seinem großen BMW übertrumpfen?

Wir sollten uns genau überlegen, was und wovon wir träumen. Der Traum verwirklicht sich - wenn wir ihn intensiv genug träumen. Ob er uns glücklich macht oder ob er uns eigentlich nichts bedeutet oder ob er sich gar als lästig herausstellt, das sollten wir vorher klären!

Sie werden auch hier wieder eine ähnlich paradoxe Feststellung machen können wie bei der Geschichte mit den Fehlern. Sie erinnern sich: Man macht umso weniger, je mehr man sich erlaubt! Genauso ist es auch mit dem Träumen! Je intensiver Sie sich damit beschäftigen, desto weniger echte Herzenswünsche werden übrig bleiben! Und nur für die lohnt es sich zu träumen! Nur sie machen glücklich! Machen Sie sich frei von unnötigem Ballast. Wir schleppen viele Dinge mit uns herum und verwenden viel Zeit auf Dinge, die uns wenig oder nichts bedeuten. Sortieren Sie sie aus! Eine Reduzierung aufs Wesentliche bringt Ihnen weit mehr Lebensqualität.

Und träumen Sie von heute, nicht von morgen, nicht von übermorgen. Das Universum kennt nur heute! Im Universum ist immer heute. Und es ist darauf eingerichtet, heute für alle zu sorgen und heute alle Wünsche zu erfüllen, die Herzenswünsche sind und intensiv an es herangetragen werden. Aber heute! Nicht morgen! Nicht übermorgen!

Sie können nicht träumen, einen Haufen Geld zu bekommen, damit bis an Ihr Lebensende ein sorgloses Leben garantiert ist. Erstens steckt hier kein Wunsch dahinter, sondern die Angst, irgendwann einmal ohne dazustehen, und zweitens würden Sie dann vielleicht

Ihren Beruf aufgeben und „dolce vita" leben. Doch bei den meisten ist in ihrem Lebensplan eben noch etwas anderes enthalten. Aber Sie können sicher sein, heute werden Sie immer das erhalten, was Sie brauchen!

Und so heißt die nächste Grundvoraussetzung zum Träumen:

Es sollte in Ihren Lebensplan passen! Prinzipiell geht alles und es gibt sicher einige, die es schaffen, mit Gewalt etwas durchzusetzen, das ihren ganzen Lebensplan über den Haufen wirft. Deshalb steht bei mir jeden Morgen beim Aufstehen und tagsüber, wenn ich daran denke, ein Satz ganz obenan:

„Dein Wille geschehe!"

Ich bitte um Erfüllung meiner Wünsche und Träume, wenn sie mit den Aufgaben und Zielen meines Lebensplanes im Einklang stehen. Sonst bitte ich, sie zu stornieren! Die Erfüllung meines Lebensplanes hat für mich höchste Priorität. Meine himmlische Seele kennt diesen Plan! Sie hat das Bewusstsein und den Überblick und ihr vertraue ich mich ganz an.

„Vater, Dein Wille geschehe!"

Mit Vater meine ich keinen anonymen Weltschöpfer. Es ist meine himmlische Seele, mein Geist, oder wie es das amerikanische Channel Jane Roberts („Seth") ausdrückt:

„Der Teil des kosmischen Bewusstseins, der sich in dir als Teil seiner selbst bewusst ist und auf deine Existenz wie auf einen Brennpunkt eingestellt ist,

kann wenn nötig um Hilfe gebeten werden. Dieser Teil, der sich als dich kennt und zugleich mehr ist, als du bist, ist dein persönlicher Gott."

Für mich eine der wundervollsten Formulierungen.

„Mein Vater, Dein Wille geschehe!" Auch Jesus hat diesen Vater gekannt und gemeint, wenn er sagt:

„Ich und der Vater sind eins!"

Etwas Besseres können wir nicht tun, als uns mit dem Vater zu identifizieren! Dann gilt in doppeltem Maße das Wort (übrigens auch Augustinus!):

„Liebe – und dann tu was du willst!"

Wenn ich und der Vater eins sind, dann bin ich im Einklang mit meinem Lebensplan. Dann wird alles, was ich tue, zu innerer Freude, innerem Frieden führen. Dann wird jeder Traum erfüllt, auch der verrückteste! Es gibt nichts Unerlaubtes! Auch nichts Kindisches, auch nicht: Das tut man doch nicht! Da werden Verrücktheiten zu spirituellen Großtaten, weil sie in uns genau das Gefühl entstehen lassen, auf das es ankommt:

Freude und Frieden und Liebe zu uns selbst!

Wenn Sie im Beruf weiterkommen wollen, denken Sie nicht nur ans Geld! Viel wichtiger ist, dass er Ihnen Spaß macht! Sie dürfen sicher sein, das Geld, das Sie brauchen, kommt trotzdem. Aber was meinen Sie, was das für ein Unterschied ist: Acht Stunden Frust am Tag oder acht Stunden Freude! Fangen Sie an, alles, was Sie tun, mit Freude zu tun. Wenn Sie etwas geübt sind, gelingt es Ihnen auch, mit Freude den Mülleimer zu leeren, zu spülen, den Boden zu wischen oder den Schreibtisch aufzuräumen. Tun müssen Sie's sowieso, warum also nicht mit Freude? Wenn wir die Möglichkeit haben, ein solch schönes Gefühl aus dem Nichts heraus zu erschaffen, warum tun wir's dann nicht? Es geht viel leichter, als Sie denken! Ein Bekannter von mir pflegte zu sagen: „Wenn's regnet, freu' ich mich, denn wenn ich mich nicht freue, regnet's trotzdem!" Mir hat der Satz so gut gefallen, dass ich mich heute tatsächlich über jeden Regen freue! Wir können viel mehr, als wir denken. Wir versuchen's nur so selten.

Machen Sie sich Gedanken: Wo liegen meine Stärken? Was sind meine Talente? Womit kann ich meiner Firma dienen? Auch heute noch sind viele der Meinung: Was und wie gut und wie viel ich arbeite, das ist völlig egal, solange der Chef nichts merkt und zufrieden ist oder mich nicht rausschmeißen kann, weil er mich braucht. Eine Haltung, die nie glücklich macht. Egal wie er ist, aber auch der Chef ist jemand und auch die Firma ist jemand, der ein Recht auf Sie hat! Ein Traum auf Kosten eines anderen funktioniert nie! Noch nicht einmal kurzfristig! Sie mögen vielleicht Arbeit haben, vielleicht sogar recht gut verdienen, Freude bereitet es Ihnen keine und glücklich werden Sie dabei auch nicht!

Eine Beziehung, egal welcher Art, ist nie eine Einbahnstraße und funktioniert nie als solche! Wenn Sie Ihrer Firma etwas geben können, dann geben Sie es ihr und freuen Sie sich darüber. Sie werden sehr schnell selbst merken, dass ich Recht habe.

Träumen Sie Ihren Beruf innerhalb Ihrer Fähigkeiten und Talente. Es hat einen Grund, dass wir alle mit verschiedenen Talenten ausgestattet sind, und es hat einen Grund, warum Sie gerade die Ihren haben und nicht die meinen. Es ist unsinnig, mit zwei linken Händen Kunstschreiner werden zu wollen, oder als Graphiker Mathematikprofessor, oder als Friseur Haus und Geschäft in einem abgelegenen Tal einzurichten, weil's so idyllisch ist, oder als Bauarbeiter von einem Chefarztposten zu träumen. Aber Sie können davon träumen, Vorarbeiter zu werden, oder sich zu spezialisieren, vielleicht zum Kranfahrer? Sie können auf die Meisterschule gehen oder, wenn's Ihnen gar nicht gefällt, umschulen in einen Beruf, der Ihren Fähigkeiten und Neigungen mehr entgegen kommt. Es gibt viele Möglichkeiten und mit viel Einsatz bringen es manche sehr weit! Sie müssen sich im Klaren sein, wie viel Einsatz Sie bringen wollen oder können. Fortbildungen, Meisterschulen, Abendgymnasium, Fachstudium, es gibt so viele Möglichkeiten!

Fangen Sie an zu träumen! Und lassen Sie sich Zeit!

Die richtige Lösung kommt wie von alleine! Sie müssen nichts übers Knie brechen, nichts ins Blaue hinein entscheiden. Bleiben Sie einfach im „Fluss des Lebens", leben Sie weiter wie bisher, träumen Sie, nur seien Sie etwas wachsamer als üblich. Wenn es soweit ist, werden Sie es wissen.

Ich liebe dieses Wort „Fluss des Lebens". Es sagt genau das aus, um was es geht: Sich treiben lassen im Lauf der Dinge! Wenn Sie angestrengt Ausschau halten, sich krampfhaft irgendwo festhalten, um nicht abzutreiben, mal schneller, mal langsamer rudern, mal wieder zurück, weil Sie meinen, in der Hektik etwas übersehen zu haben, dann ist das Ganze ein einziger Kampf! Unter Umständen kommen Sie auch ans Ziel, aber mit Stress und Hektik, und eben mit Kampf!

Unsere Vorstellung vom Leben bestimmt das, was wir erhalten! Wenn Ihre Vorstellung ist: Das Leben ist ein einziger Kampf, man muss sich durchbeißen, dann werden Sie auch Kampf erhalten! Kampf und Konfrontation! Und auch wenn Sie gut sind im Kämpfen, irgendwann verlieren Sie!

Das Leben ist kein Kampf, zumindest ist es nicht als solcher gedacht!

Lassen Sie sich einfach treiben. Genießen Sie das Leben und alles, was Ihnen entgegenkommt, nehmen Sie es gelassen und freuen Sie sich. Es gibt viel mehr, worüber es sich lohnt, sich zu freuen, als wir denken. Lassen Sie sich einfach treiben und eines Tages, nach einer Flussbiegung sehen Sie Ihr Ziel und können es in Ruhe ansteuern! Der Fluss des Lebens lässt Sie nie im Stich! Er findet immer sein Ziel! Vertrauen Sie sich ihm an, und heben Sie Ihre Lebenskraft für andere Dinge auf!

Das war die materiell-finanzielle Seite, Befriedigung eines Basis-Bedürfnisses, sozusagen die Pflicht im Tanz des Lebens! Jetzt kommt die Kür. Und die ist ungleich schwerer!

Beziehungen und Partnerschaft!

Großes Dilemma seit Anbeginn der Welt und selten so aktuell wie heute. Warum? Wir haben das Träumen verlernt! Vor allem die Ausdauer beim Träumen! Gefragt sind heute schnelle Bedürfnisbefriedigung und Lusterfüllung! Schnell und unkompliziert, vordergründig, ohne Tiefgang und Verpflichtung. Selbstverständlich auch, ohne etwas von sich selbst preisgeben zu müssen. Ein erotisches Abenteuer, und wenn der Reiz verflogen ist, das nächste. Irgendwann ist dann jedes gleich, der Frust schaut schon zu den Ohren raus, impotent, oder was die Medizin sonst noch für schöne Namen hat. Lassen wir's eben bleiben. Verheiratet mit Kindern geht etwas länger. Kommt aber der Ärger mit den Kindern noch dazu. Keiner versteht mehr den anderen. Die Frau ist nur noch Mutter, der Mann bei der Freundin, beide beim Anwalt, nächster Versuch!

Grundvoraussetzung für jede Partnerschaft ist:

Ich muss mich zuerst selbst lieben! Immer wird uns gesagt: Liebe deinen Nächsten, denk nicht an dich, denk an deinen Partner. Egoismus ist Sünde.

Nein, so steht es nicht geschrieben!

Liebe deinen Nächsten wie dich selbst! Grundvoraussetzung für alles ist: Liebe dich erst mal selbst! Niemand kann Liebe geben, wenn er sie nicht in sich trägt. Woher soll er sie auch nehmen? Liebe, das ist Gott und das, was uns mit Gott verbindet, und unser tiefstes Inneres! Wenn wir nicht durch Selbstliebe dieses tiefste Innere berühren und freisetzen, werden wir nie lieben können. Das was wir gemeinhin als Liebe bezeichnen, hat damit nichts zu tun. Es gibt leider keinen Namen dafür, aber man kann es umschreiben:

Ich bin einsam, ich bin allein, niemand liebt mich, also brauche ich dich, du bist schön, ich will dich besitzen, du entflammst die Lust in mir! Nach kurzer Zeit wird die Flamme dann immer kleiner und erlöscht schließlich ganz. Mit Liebe hat das nichts zu tun. Die Ursachen sind zuallererst in unseren Anlagen zu suchen, also das, was wir mitbringen, weil wir hier bestimmte Probleme lösen wollen. Nehmen wir einmal an, wir wollen lernen, eine längere Beziehung zu führen, dann bringt es uns nichts, wenn wir ein total bodenständiger Typ sind und für uns von vornherein sowieso gar nichts anderes in Frage kommt. Doch wenn's uns dauernd „bitzelt" und wir *ständig auf dem Absprung sind und wir's dann doch schaffen und dann freudig feststellen dürfen, dass erst jetzt die Beziehung eine völlig andere Qualität hat, dann ist unser Durchhaltevermögen ein ganz schönes Stück weitergekommen. Auf die übrigen Ursachen will ich hier nicht weiter eingehen (Vaterbild, Mutterbild, Schuldkomplexe, Prägungen, Missbrauch), darüber müsste man ein eigenes Buch schreiben. Doch egal wie und was, wir müssen uns davon lösen. Wie? Ganz „einfach", indem wir loslassen! Alles, was wir loslassen, ist weg, kann uns nicht mehr belasten. Normalerweise stopfen wir alles in uns hinein und nach dem Aschenputtelmotto: Die Guten ins Töpfchen, die Schlechten ins Kröpfchen, sperren wir alles, was weh tut, in ein Kämmerlein ein, damit wir es nicht anschauen müssen. Schmerz, Scham, Peinliches, Schuldgefühle, Angst. Wir fühlen uns nicht stark genug, mit diesen Gefühlen fertig zu werden. Wie ein mittelalterlicher Burgvogt sperren wir sie ins tiefste Verlies und versuchen, sie zu vergessen. Dort vegetieren sie noch eine Weile vor sich hin, bevor sie sterben. Doch dann liegen sie als Leichen im Keller herum und vergiften unseren Brunnen, den Quell, aus dem wir unsere Lebenskraft schöpfen. Und das faulige Wasser macht uns krank, physisch und psychisch. Wir spüren, dass wir nicht in Ordnung sind, wir spüren das Faulige in uns, wir hassen es und uns selbst auch. Die meisten Träume in einer Partnerschaft scheitern daran, dass man sich im anderen spiegelt und dieses Spiegelbild partout nicht* leiden kann, denn all das, was wir an uns selbst hassen - und das ist ganz wichtig - all das finden wir in unserem Gegenüber wieder!

Da uns aber der gesamte Vorgang überhaupt nicht bewusst ist - wir wissen ja normalerweise gar nichts von unseren Leichen im Keller - fangen wir an, uns an allem zu stören, was uns an unserem Partner nicht gefällt, und alles, was uns stört, deckt einen Teil unserer Liebe zu ihm zu, bis nichts mehr zu sehen ist! Der Rest ist Gewohnheit, und wenn auch der aufgebraucht ist, ist Schluss!

Es ist immer und immer wieder derselbe Mechanismus, wobei sich uns zwei mögliche Angriffsstellen bieten:

Erstens: Keine Leichen im Keller ablegen.

Die Ursache, dass wir mit unseren Gefühlen, auch mit den schlimmsten, nicht fertig werden, liegt in dem Wort „Schuld"! Was uns zutiefst verletzt, ist nämlich eigentlich gar nicht einmal das Geschehnis selbst, sondern der „Frevel", dass jemand es gewagt hat, uns das anzutun. Wir sind in unserer Ehre verletzt. Wir wollen uns eigentlich duellieren und sind doch ohnmächtig. Und diese Ohnmacht ist es, die verhindert, dass wir das Gefühl annehmen, ihm dadurch eine Existenzberechtigung geben und es dann loslassen können. Loslassen können Sie nämlich nur etwas, das Sie zuerst angenommen haben!

Es gibt aber gar keine Schuld! Niemand kann uns je verletzen - außer wir uns selbst! Alles, was geschieht, *ist von uns „verursacht"! Es gibt keinen Zufall! Wir gestalten unser Leben selbst und sonst niemand! Es gibt nichts, was uns widerfährt, das nicht in unserem Lebensplan enthalten oder durch unsere Gedanken, Gefühle, Wünsche, Träume, Ängste oder Schuldgefühle verursacht worden ist. Alles Schöne, alle Freude, alles Glück, aber auch jede Verletzung, jede Krankheit, jeder Unfall, alles Leid, auch Mord, Streit und Krieg! Es gibt keine „Unschuldigen"! Alles ist in unserem Lebensplan enthalten und dient uns als Erfahrung, oder wir haben es durch unsere Angst oder unseren Hass selbst kreiert! Und das kommt leider sehr oft vor!*

Etwas träumen und vor etwas Angst haben ist vom Ergebnis her dasselbe! Beide Male steht das Objekt meines Traumes oder meiner Angst im Zentrum meines Bewusstseins und wird sich verwirklichen wollen. Das ist ein unerbittliches Gesetz!

Die sicherste Methode einen Unfall zu haben ist, davor Angst zu haben!

Alles, was im Zentrum unseres Bewusstseins steht, wird sich verwirklichen wollen, egal aus welchem Grund es dort steht!

Gerhard Buzzi berichtet in seinem Buch „Krafttiere" von einem Besuch bei einem Apachenstamm in New Mexico. Seine Frau hat furchtbare Angst vor Klapperschlangen, entschließt sich aber doch, mit ihm einen Ausflug in die Wälder zu unternehmen. Während sie weg sind, kriecht eine Klapperschlange ins Camp und legt sich genau an den Platz, wo ihr Wohnmobil noch vor einer Stunde gestanden hatte! Schon ewig war keine Klapperschlange im Camp mehr gesehen worden! Diese wurde dann leider von den Erwachsenen aus Angst um ihre Kinder getötet!

So funktioniert Angst! Sie bringt nicht nur uns selbst in Gefahr, sondern auch andere! Und sie zieht magisch genau das an, was sie beinhaltet!

Im Transsibirien-Express stirbt ein Mann, der versehentlich in den Kühlwagen geraten ist, an Unterkühlung - der Kühlwagen war gar nicht eingeschaltet! Es gibt tausend ähnliche Berichte!

Angst und Traum sind Geschwister!

Schauen Sie sich Ihre Angst an! Wovor habe ich denn eigentlich Angst! Und was passiert schlimmstenfalls! Ist es wirklich so schlimm, wie ich Angst habe? Kommt es wirklich so oft vor oder ist es eher selten? Kann ich mich angemessen davor schützen? Kann es wirklich sein, dass es einen Zufall gibt, dass es jemanden einfach so, ohne Grund trifft? Ist unsere Welt wirklich so zufällig aufgebaut? Oder ist es doch so, dass ich meine Zukunft bestimme mit allem, was ich bin und denke, und eben gerade auch mit meiner Angst? Und dass ich dann mit dieser Angst genau das heraufbeschwöre, was ich verhindern will? Und dass es dann wirklich höchste Zeit wäre, die Angst loszulassen?

Das funktioniert! Nicht beim ersten Mal. Sie müssen es sich immer wieder vorsagen, immer wenn die Angst kommt! Die Abstände werden immer größer werden.

Es ist schwer zu verstehen, wenn Sie das erste Mal mit diesem Gedanken konfrontiert werden: Ihre Angst ist eine Teilpersönlichkeit von Ihnen! Die Angst besteht aus Ihrem Bewusstsein, aus Ihrer Energie. Ihre Angst ist ein Kind von Ihnen! Es kommt der Wirklichkeit am nächsten, wenn Sie die Angst als kindliche Persönlichkeit mit sehr beschränktem Urteilsvermögen ansehen. Ihre Angst ist nicht eigenständig lebensfähig, sie bezieht ja ihre Energie von Ihnen, und das „weiß" sie! Sie spürt die Zurückweisung durch Sie und versucht sich daher nur noch umso stärker an Sie zu klammern! Je mehr Sie versuchen, Ihre Angst loszuwerden, umso stärker wird sie sich an Sie klammern! Akzeptieren Sie sie als ein Gefühl, als einen Teil von Ihnen!

Nehmen Sie Ihre Angst an die Hand! Halten Sie sie bei sich. Wir haben nicht umsonst das Wort „etwas aushalten"! Alles, was Sie halten, bei sich halten, haben Sie besser unter Kontrolle (jede Mutter weiß das) als das, das sich hinter Ihrem Rücken herumschleicht und Sie dann im ungünstigsten Augenblick am Kragen packt! Jeder Dompteur weiß, dass man ein gefährliches Tier nie aus den Augen lassen darf! Nehmen Sie Blickkontakt auf zu Ihrer Angst. Wie sieht sie aus? Ist sie wirklich so stark, wie sie aussieht, oder ist sie vielleicht nur ein Angeber oder gar ein Trugbild, gar nichts dahinter?

Dann können Sie sie getrost loslassen! Sonst nehmen Sie sie ernst! Reden und verhandeln Sie mit ihr! Sie will ja nichts Böses, im Gegenteil! Sie will Sie schützen, allerdings mit untauglichen Mitteln. Machen Sie ihr das klar! Finden Sie einen Weg, wie Sie sie in Ihren Entscheidungsprozess integrieren können. So können Sie sie fast unmerklich in ihr Gegenteil wandeln. Dann wird Ihnen Ihre (ehemalige) Angst zur Stärke!

Und lassen Sie „um Gottes Willen" Ihre Angst vor Gott los! Sie hemmt jede freie Entfaltung, da sie sofort alles wertet, korrigiert und nur das zulässt, was ihre Zensur durchlaufen hat, was ihr sicher erscheint. Dabei orientiert sie sich meist an anderen. Je mehr Menschen dasselbe tun oder glauben, desto sicherer fühlt sich die Angst. Doch wichtig ist für Gott nicht der angepasste Traum, den kann Er selbst träumen. Er will den konträren Traum, den eines atheistischen Philosophen beispielsweise, der seine innere, wie auch immer geartete Wahrheit lebt und ausdrückt ohne Angst. Bei uns steigen immer noch die Angepassten auf. Wichtig wären jedoch Querdenker, die frühzeitig auf Gefahren aufmerksam machen. Gott braucht unsere gegensätzlichen Träume. Er kennt den Weg, sie zu integrieren.

Die zweite Chance ist die, in jedem Menschen, der Ihnen begegnet, eine Botschaft für Sie zu sehen: Alle Eigenschaften, über die Sie sich bei anderen ärgern, das sind Ihre schwachen Seiten. Da müssen Sie bei sich nachbohren. Wenn Ihr Freund Sie ständig mit seiner Schlamperei nervt, überlegen Sie mal, was Ihnen das zu sagen hat. Sind Sie zu akkurat? Zu perfektionistisch? Was verstecken Sie darunter? Waren Sie früher schlampig und wurden dafür bestraft? Ärgert es Sie, dass er alles lässiger sieht als Sie, alles leichter nimmt? Wem geben Sie die Schuld an Ihrem Gefühl?

Lassen Sie die Schuld los! Niemand ist Schuld! Es ist Ihr eigenes Gefühl, und es war Ihre Wahl, dieses Gefühl anzunehmen! Sie wollten es so! Wollen Sie es immer noch? Macht es Ihnen Freude? Wenn ja behalten Sie es, sonst lassen Sie es los!

Alle Beziehungen spiegeln uns unsere „Leichen im Keller" wider, immer da, wo uns etwas ärgert! „Partnerarbeit" ist immer Arbeit an uns!

Die Arbeit an uns besteht im Erkennen des Gefühls, sowie der Schuld oder Verletzung, die dahinter steht, im Loslassen und im Träumen! Ganz einfach: Träumen Sie sich so, wie Sie sein möchten! Es funktioniert! Immer! Und träumen Sie Situationen, in denen Sie anders reagieren möchten als bisher, andere Gefühle erleben als bisher. Träumen Sie sich einen Partner, Ihren Traumpartner. Und nun träumen Sie Ihn mit verschiedenen Eigenschaften. Wie wirkt er auf Sie? Der Partner ist immer derselbe. Doch einmal ist er eher linkisch, das andere Mal packt er immer am richtigen Platz zu. Das eine Mal lässt er alles liegen, das andere Mal räumt er penibel auf. Das eine Mal vergisst er stets die Hälfte, das andere Mal ist er perfekt und denkt an alles! Wie fühlen Sie sich dabei? Der Partner ist immer derselbe. Der Partner schickt Ihnen auch kein Gefühl! Ihr unterschiedliches Gefühl kommt aus Ihnen! Nicht die Aktion des Partners erzeugt Ihr Gefühl sondern Ihre Reaktion! Die Aktion können Sie nicht wählen, wohl aber die Reaktion! Ihre Gefühle bestimmt nicht Ihr Partner, Ihre Gefühle bestimmen Sie selbst! Und wenn Sie zehn Menschen fragen, die die Eigenschaften Ihres Traumpartners beurteilen sollen, dann finden Sie immer einige, die die jeweils von Ihnen abgelehnte Eigenschaft als angenehm empfinden. Zorn, Verärgerung, verletzt und beleidigt sein sind keineswegs unabänderliche Antworten auf objektive Ursachen. Es sind Ihre selbst gewählten Antworten auf eine Ursache, die für sich gesehen neutral ist und viele mögliche Antworten zulässt. Wählen Sie die, die sich für Sie am besten anfühlt! Wir müssen nicht beleidigt sein! Es steht uns frei, ein anderes Gefühl zu wählen!

Träumen bietet uns eine hervorragende Möglichkeit, Verhaltensweisen und Reaktionen einzuüben, die uns gut tun und uns nicht verletzen! Verletzen können wir uns nur selbst, nie die anderen. Und ein Gedanke bei vielen ist leider: Der macht das nur, um mich zu ärgern!

Warum nehmen wir nicht das Gute an: Der tut das bestimmt nicht, um mich zu ärgern, es ist unabsichtlich geschehen, vielleicht gedankenlos, aber sicher nicht absichtlich. In vielen Filmen gibt es - meist Frauen, die so reagieren, und sich standhaft weigern, irgendetwas Schlechtes an ihrem Partner zu sehen, selbst wenn es noch so dick kommt. Und wir bewundern sie immer insgeheim! Wieso handeln wir im „richtigen" Leben nicht auch so? Sicher werden wir immer wieder enttäuscht werden. Aber das ist normal! Mir hat der Satz sehr gut gefallen, den ich einmal gelesen habe:

„Wer nie enttäuscht wird, hat nie geliebt!"

Wir sind Menschen, wir dürfen Fehler machen und wir dürfen uns täuschen. Und wenn wir uns täuschen, dann gibt es anschließend eben eine Ent-täuschung. So „einfach" ist das! Aber wir sind diejenigen, die sich getäuscht haben, und in der Ent-täuschung haben wir die Täuschung erkannt und uns wieder von ihr gelöst! Nie kann uns jemand anderer täuschen! Wir projizieren ständig unsere Fehler und Gefühle auf andere und machen diese dann dafür verantwortlich!

Wir können aber den Spieß auch umdrehen! Wenn es wirklich so ist, und ich versichere es Ihnen, dass mein Gegenüber auf alle meine Gefühle, meine Ängste, meine Schwingung und meine „Leichen im Keller" reagiert, dann reagiert er auch auf meine Träume, meine geheimen Wünsche und meine Sehnsüchte! Und das ist Ihre Chance, alles zu ändern!

Ihre Worte, Ihre Kritik, Ihre negativen Reaktionen und Gefühle ändern auch, aber nie in Ihrem Sinne, *wie denn auch? Wie soll denn die Aussendung von negativer Energie (Beleidigtsein, Zorn, Vorwurf, Rache) positive Energie zurückbringen? Das schafft nicht einmal Gott! Wenn Sie das schaffen, dann dürfen Sie Ihr eigenes Universum gründen!*

Positive Energie erzeugt positive Energie und negative Energie negative. So einfach ist das.

„Wie man in den Wald hinein schreit, so schallt es wieder heraus!"

Wir wissen doch, wie's geht! Offensichtlich sind aber Beleidigtsein und sich in sein Schneckenhaus zurückziehen schöne Gefühle. Warum? Weil wir immer irgendwelche Schuldgefühle mit uns herumtragen, empfinden wir tief innen die Kränkung als gerecht! Man nennt dies Selbstbestrafung! In unserem Inneren läuft immer dasselbe Band ab:

Ich hab's nicht anders verdient!

Vieles spielt hier rein: Schuldgefühle aus der Kindheit (ich hab's meinen Eltern nie recht machen können, ich hab' mich nicht genug angestrengt), Schuldgefühle aus früheren Beziehungen (geschieht mir grad recht, letztes Mal hab' ich's so gemacht) oder Schuldgefühle von heute (ich bin egoistisch, ich könnte mich mehr anstrengen, ich bin ja auch nicht ehrlich)! Das sind zwar alles Dinge, die unbewusst ablaufen, sie können aber dadurch umso wirksamer einhaken, weil sie sich unserer Kontrolle entziehen.

Wir müssen unseren Keller entrümpeln!

Es gibt keine Schuld! Niemand hat Schuld! Ich nicht, und Sie auch nicht! Egal ob Sie etwas absichtlich oder unabsichtlich tun. Auch wenn Sie's absichtlich tun, es ist nicht Ihre „Schuld"! Es sind so viele Umstände, die uns so oder so agieren lassen, auch viele Dinge, die hier einfach zum „normalen" Leben gehören. Wir sind keine Heiligen, wir sind nicht in der Lage, ständig mit einem göttlich zentrierten Bewusstsein herumzulaufen. Und wir leiden an unseren Verletzungen, lecken unsere Wunden und wenn alles zu viel wird, dann schlagen wir eben wild um uns! Das ist der Mensch! Das bin ich, und das sind auch Sie! Akzeptieren wir es! Es ist so! Wir können's ändern, wenn wir den Mechanismus einmal erkannt haben. Aber langsam! Lassen Sie sich Zeit! Gestehen Sie sich Rückschläge und Fehler zu und haben Sie für sich ein freundliches Wort, wenn es wieder einmal schief geht, wie Sie es auch für andere in solchen Situationen haben! Wir gehen oft mit uns selbst am härtesten um!

Befreien Sie sich von der Schuld. Sie werden sehr schnell spüren, dass Sie wieder viel freier atmen können. Und der Atem ist das, was uns Lebenskraft gibt! Und dann geht's wieder vorwärts!

Spielen Sie nie eine Rolle! Seien Sie immer Sie selbst! Viele Beziehungen scheitern, weil der eine dem anderen etwas vorspielt! Aus Liebe versteht sich! Aber das funktioniert nicht! Nie!

Erstens sind Sie nicht in der Lage, diese Rolle ein Leben lang durchzuhalten. Irgendwann kommt es immer zum Offenbarungseid und dann ist die Enttäuschung groß.

Zweitens vereiteln Sie dadurch jede Chance auf ein Wachstum der Beziehung. Ein Baum kann nur wachsen, wenn er in gutem Boden wurzelt! Dann wächst er zwar langsam, aber sauber und sicher. Wenn Sie ihn in eine Kiste sperren („Beziehungskiste"!) und ihn mit viel Kunstdünger züchten, wird er schneller in die Höhe schießen - und dann geht er ein, weil die Grundlage fehlt, weil er keine Wurzeln ausbilden konnte. Den Baum dann noch umzupflanzen, das gelingt nur selten!

All das sind Situationen und Rollenspiele, die Sie träumen können! Träumen gibt uns die Chance, die verschiedenen Möglichkeiten auszuprobieren, unsere Gefühle auf das Verhalten unseres Partners einzuüben, mit anderen Gefühlen zu arbeiten, und das alles in der Traumwirklichkeit ohne Folgen für unser „reales" Leben. Und Sie werden viel schnellere Erfolge erzielen, als Sie glauben, und Sie werden viel schneller in der Lage sein, bestimmte Eigenschaften und Verhaltensweisen, die Sie bisher furchtbar gestört haben, zu akzeptieren und manchmal vielleicht sogar zu lieben!

Das ist die eine Seite, das Transformieren der negativen Energie! Das Träumen bietet uns aber noch viel großartigere Möglichkeiten, wenn wir nämlich mit positiver Energie arbeiten! Wenn meine negativen Gefühle und Gedanken negative Veränderungen nach sich ziehen, dann müssen positive Gedanken und Gefühle positive Veränderungen bewirken!

So einfach ist das!

Und jetzt sind Sie an dem Punkt, wo Sie schon lange hin wollten, wo Sie nämlich Ihren Partner tatsächlich ändern können!

Träumen Sie ihn! Machen Sie ihn zu Ihrem Lebenstraum! Träumen Sie ihn so, wie Sie ihn haben wollen, aber mit Herzblut! Legen Sie Ihre ganze Freude in diesen Traum hinein, Ihre stärksten Gefühle, zu denen Sie fähig sind! Erschaffen Sie sich Ihren Traum! Sie haben hundertprozentige Erfolgsgarantie! Ihr Partner wird zu dem, was Sie in ihm sehen! Er gehört zu Ihrer Zukunft und Ihre Zukunft erschaffen Sie selbst! Statt langer Worte hierzu eine der schönsten Geschichten, die ich kenne. Sie handelt von einer Brautwerbung auf einer Insel im Südpazifik:

Johnny Lingo lautet der ins Westliche übertragene Name eines wohlhabenden Junggesellen auf der Insel Nurabandi. Er verliebte sich in ein unscheinbares Mädchen von der Nachbarinsel Kiniwata. „Unscheinbar" war eigentlich noch übertrieben - Sarita war mager und knochig und lief mit hängenden Schultern und gesenktem Kopf durch die Gegend.

Saritas Vater hoffte zwar, einen Brautpreis für sie zu bekommen, fürchtete aber insgeheim, dass keiner sie haben wollte. Auf seiner Insel war es Sitte, den

Brautpreis in Kühen zu bezahlen. Die schönsten Mädchen brachten bis zu fünf Kühe ein. Sam hoffte, wenigstens eine Kuh für seine Tochter zu bekommen.

Eines Tages ließ Johnny Lingo Sam Karoo, Saritas Vater, die Nachricht überbringen, dass er um die Hand seiner Tochter bitte, und mit ihm über sie verhandeln wolle. Obwohl Johnny noch jung war, galt er bereits als der reichste Mann auf seiner Insel. Sam entwarf einen Plan. Er würde drei Kühe verlangen, sich wenn's sein musste aber auch mit einer zufrieden geben.

Der große Tag kam. Johnny Lingo begann die Verhandlung mit einem Angebot, das sowohl Sam als auch ganz Kiniwata überraschte: „Vater von Sarita, ich biete dir acht Kühe für deine Tochter!"

Fünf Monate nach seiner Hochzeit mit Sarita war ein Mann aus dem Westen zu Besuch bei Johnny Lingo. Der Gast war vorher auf Kiniwata gewesen, wo man ihm die Geschichte mit den acht Kühen erzählt hatte. Die Bewohner der Insel amüsierten sich noch im Nachhinein darüber, wie Sam Karoo den reichen jungen Mann von der Nachbarinsel übers Ohr gehauen hatte.

Auf Nurabandi dagegen stand Johnny Lingo in hohem Ansehen. Johnny Lingo stellte seinem Gast als erstes die Frage: „Ich nehme an, Sie haben auf Kiniwata schon von mir gehört? Meine Frau stammt von dort."

„Ja, ich weiß."

„Was sagen denn die Leute über mich?"

„Nun, man sagt, Sie hätten acht Kühe als Brautpreis bezahlt und man fragt sich, warum?"

In diesem Moment betrat eine wunderschöne junge Frau das Zimmer, um einen Strauß Blumen auf den Tisch zu stellen. Sie hielt einige Augenblicke inne, um Johnny zuzulächeln, und ging dann leichten Fußes wieder hinaus. Der Gast hatte noch nie in seinem Leben eine so schöne Frau gesehen: Die geraden Schultern, das energische Kinn, die funkelnden Augen - all das ließ ein gesundes Selbstbewusstsein erkennen, das ihr jeder gerne zugestand.

Mit unverkennbarem Stolz in der Stimme sagte Johnny Lingo: „Das ist meine Frau!"

„Aber", protestierte der Besucher, „sie..., sie ist ja wunderschön! Die Leute auf Kiniwata haben mir erzählt, sie sei eher unansehnlich und Sie hätten sich von Sam Karoo übers Ohr hauen lassen."

Ein Lächeln breitete sich auf Johnnys Gesicht aus. „Meinen Sie, acht Kühe wären zuviel für sie gewesen?", erkundigte er sich.

„Nein keinesfalls", beteuerte der Gast, „aber wie ist es möglich, dass sie sich so verändert hat?"

Johnny wurde ernst. „Haben Sie schon einmal darüber nachgedacht", fragte er, „was es für eine Frau bedeuten muss zu wissen, dass ihr Mann damit zufrieden war, für sie den billigsten Preis zu bezahlen?

Wenn die Frauen dann später zusammensitzen und sich gegenseitig zu übertrumpfen suchen, wie viel ihre Männer für sie bezahlt haben, spricht die eine von vier Kühen und eine andere vielleicht sogar von sechs Kühen. Wie muss sich da eine Frau empfinden, die von ihrem Mann für eine oder zwei Kühe gekauft worden ist? So etwas hätte ich meiner Sarita nie zugemutet."

Johnny fuhr fort: „Ich wollte, dass Sarita glücklich ist. Sie sagen, sie hätte sich verändert, und das stimmt. Es gibt vieles, was eine Frau verändern kann, Dinge, die von innen oder außen an sie herantreten. Am wichtigsten von allem aber ist, was sie über sich selber denkt. Solange Sarita auf Kiniwata war, hat sie sich selbst für nichts wert gehalten. Aber jetzt weiß sie, dass sie mehr wert ist als irgendeine Frau auf den Inseln."

„Ich hatte sie lieb und wollte Sarita heiraten", schloß Johnny seine Geschichte, „Aber was ich haben wollte, war eine Frau, die acht Kühe wert ist!"

Und Sie? Haben Sie noch keine 8-Kühe-Frau, keinen 8-Kühe-Mann? Spätestens morgen werden Sie ihn haben, wenn Sie nämlich heute anfangen zu träumen!

Doch Achtung! Auch ein „Traum" ist nicht immer nur „traumhaft"! Ein Traum beinhaltet alles! So wie ein Albtraum, der von einem höheren Bewusstsein aus gesehen an der Lösung unserer Probleme arbeitet, von uns aber trotzdem als unangenehm und bedrohlich empfunden wird, so heißt es auch in einer „traumhaften" Beziehung immer wieder Täler zu durchschreiten, die nach einem heftigen Regenguss in metertiefem Morast versinken. Wir können es zulassen, dass wir darin stecken bleiben, und es dann zu gegebener Zeit erneut probieren. Denn dieses Tal muss jeder durchschreiten. Es gehört zu den Grunderfahrungen des Menschseins, die jeder erlebt haben muss. Und irgendwann werden wir uns dann doch durchbeißen und mit dem Mund voller Dreck am Ausgang des Tales in die Sonne blinzeln. Es gibt keine Erfahrung, die uns stärker macht, auch keine, die eine Liebe mehr zusammenschweißt! Das Leben ist kein Kampf! Aber wenn es mal zum Kampf kommt, dann wird unser Durchhaltevermögen geschult! Es ist wie im Beruf auch meist nicht die schwerste Arbeit, die den höchsten Lohn bringt. Trotzdem müssen die meisten von uns auch für leicht verdientes Geld ab und zu einen hohen Einsatz bringen.

Doch muss wohl schon sehr früh festgestanden haben, dass „Beziehung" das Schwerste ist, was es hier zu lernen gibt! Und so wurde ihr die stärkste vorhandene Energieform zugeordnet, die Sexualität! Dass heute jeder zusammenzuckt, wenn er das Wort „Sex" nur hört, war nicht immer so. Es hat eine lange Geschichte und hängt eng mit unseren Religionen zusammen. Alle patriarchalischen Religionen, das heißt Religionen, die einen Vatergott verehren, wie Juden, Christen, Islam, haben die Sexualität aus ihrem Programm gestrichen. Sie wussten sehr wohl um die Macht der Sexualität und um ihre Rolle im Spirituell-Geistigen. Und sie wussten sehr wohl, dass sie nur dann die Menschen vollständig im Griff haben können, wenn sie auch die Sexualität im Griff haben. In allen matriarchalischen Religionen (Religionen der großen Göttin wie in Ägypten oder bei den Kelten) war die Sexualität heilig und direkt in die Mysterien eingebunden!

Wie es allerdings dazu kam, dass über viele Jahrhunderte nicht nur die Sexualität, sondern gleich auch noch die Frau verteufelt wurde, das ist mir noch immer ein Rätsel, auch wenn ich weiß, dass dies aus geistiger Sicht so kommen musste.

Der Mensch neigt offensichtlich immer zu Exzessen, versucht alles bis zum Letzten auszureizen und am faszinierendsten ist offensichtlich das Spiel mit der Macht! Und so wurde in früheren Jahrtausenden auch die Sexualität und die starke Rolle der Frau missbraucht, und der Mann in lange Zeiten der Abhängigkeit gezwungen (auch wenn das für uns heute kaum vorstellbar ist). Das war die eine Seite des Pendels, und da es im gesamten Universum nie etwas Stationäres gibt, vielmehr immer alles in Bewegung ist, musste das Pendel über kurz oder lang wieder in die andere Richtung ausschlagen. Dass es allerdings so extrem kam, ist doch verwunderlich.

Grundsätzlich ist eine alleinige Muttergottheit genauso falsch wie ein Vatergott. Im Urzustand ist Gott das „All-Eine". Als Mutter oder Vater ist Gott bereits „aus sich herausgetreten", bleibt aber trotzdem eine Einheit und ist nicht trennbar im menschlich-materiell-persönlichen Sinne. Gott oder Göttin sind immer nur die Vermenschlichung eines Aspektes von Gott!

Und das Kuriose ist, dass eine Männergesellschaft sich einen Vatergott kreiert, während eine von Frauen dominierte Gesellschaft eine Muttergöttin besitzt. Es ist von vorneherein klar, um was es hier geht, um reine weltliche Macht! Richtigerweise müsste sich ein Mann zu einer Göttin hingezogen fühlen, eine Frau zu einem männlichen Gott. Unsere heutige „Göttinnenbewegung" ist aber ein fast reiner Frauenkult, und den meisten gemeinsam ist die offene oder zumindest insgeheime Verachtung bzw. Geringschätzung alles Männlichen!

Die Sexualität ist in unserer materiellen Welt die Ausdrucksmöglichkeit, die dem Göttlichen am nächsten kommt. Sie ist der Urquell der Schöpfung! Eine richtig verstandene Sexualität hat nichts mit Gegensätzen zu tun, es ist im Gegenteil die Integration der beiden Pole in eine Schöpfungseinheit. Polarität statt Dualität. Das haben die wenigsten begriffen.

Trotzdem hat es immer und zu allen Zeiten Menschen gegeben, die den Ausgleich geschafft haben, die die beiden Pole miteinander vereinen und in der Einheit leben konnten! Damals wie heute!

Und wie wird die Sexualität heute schon wieder verteufelt, kaum dass sie etwas Morgenluft geschnuppert hat, nur weil einige Dinge aus dem Ruder laufen und wieder die Extreme anpeilen! Das ist doch normal! Es geht nicht anders und es war noch nie anders! Jedes Pendel schlägt, kaum dass es die Mitte erreicht hat, wieder zur anderen Seite aus, und selbst wenn Sie den Mechanismus anhalten, tut es das noch einige Male.

Sexualität ist die Grundlage unseres Lebens! Und hier funktioniert sie perfekt! All die Millionen Jahre hat die Sexualität es geschafft, ein optimales Gleichgewicht zwischen Geburt und Tod zu halten, und das in allen Bereichen, Pflanzen wie Tiere wie Menschen. Die heutige Überbevölkerung - die eigentlich gar keine ist - ist von uns verursacht, weil wir es noch nicht geschafft haben, unsere extrem schnelle technische Entwicklung mit ihren vielen Möglichkeiten in den Griff zu bekommen, beziehungsweise überhaupt zu verstehen. Aber auch das ist nicht schlecht oder gar „böse", sondern schlicht und einfach normal. Wir leben in einer Übergangsphase, wie es schon viele auf der Erde gegeben hat, und solche Übergangsphasen sind immer etwas chaotisch und oft auch schmerzlich.

Dass für den Menschen die Sexualität noch eine zweite Bedeutung hat, zeigen uns nicht nur die alten Kulturen. Für die reine Zeugungsfunktion reicht - wie bei allen Tieren - eine Beschränkung der Lust auf die fruchtbaren Tage aus. Im Gegenteil! Für die reine Nachwuchsversorgung wäre dies sogar von Vorteil! Der reine Zeugungsvorgang würde dadurch sicherer!

Doch Sexualität ist reine göttliche Energie! Und es gibt hier auf der Erde keine Möglichkeit, sich so tief mit dem Göttlichen zu vereinigen wie in der sexuellen Vereinigung mit einem anderen Menschen, einem anderen Gottesfunken. Und grundsätzlich gilt das für jede Art von Sexualität, auch wenn zwischen dem „schnellen Sex zwischendurch" und der „heiligen Vereinigung" zweier eng miteinander verbundener Partner Welten klaffen.

Sexualität ist Schöpfungsenergie! Das Universum ist ein sexuelles, erschaffen durch die Trennung der Einheit in zwei Pole, einen männlichen und einen weiblichen. Der Urbeginn der Schöpfung ist das Emporsteigen der Göttin aus dem Meer der göttlichen Ureinheit und ihre Vereinigung mit dem Vatergott. Es ist Sein Same, der in der Muttergöttin gewachsen ist und Gestalt angenommen hat. So wurde unser Universum geboren.

Beginn der Schöpfung ist das Auftrennen der Einheit in männliche und weibliche Energie. Sowohl Ursprung als auch Ziel der Schöpfung ist die Vereinigung und Verschmelzung in die Einheit. Die Physik - die vielen Schöpfungsgeheimnissen dicht auf dem Fuße ist - sucht schon lange nach der so genannten ersten Ursache, nach der „Energiequelle", die den „Urknall" verursacht hat. Hier ist sie! Es ist genau die Energie, die durch die

Trennung der Ureinheit in einen männlichen und einen weiblichen Pol frei geworden ist. (Vergleichen Sie es mit unserer Atomspaltung). Und all die unendlichen „Gottesfunken", die dabei entstanden sind, befinden sich nun auf ihrem Weg durch Zeit und Raum, voll Energie und voller Erwartung, jeder ein kleines Universum für sich. Die Energie bezieht die Schöpfung „zeitlebens" aus der Spannung zwischen den beiden Polen, genauso wie die Elektrizität ihre Energie aus der Spannung zwischen Plus- und Minuspol bezieht.

Wie wir bereits gesehen haben, wurde bei der Schöpfung alles getrennt in zwei gegensätzliche Pole. Doch das eigentliche Ziel, ihre Wiedervereinigung, ist nicht eine bloße Addition der Gegensätze, nicht der Ausgleich, nicht Neutralität! Hierfür hätte es keiner Schöpfung bedurft! Das war ja genau der Zustand vor der Schöpfung! Nicht das „Nirwana" des Ostens oder die „Ewige Ruhe" der Christen ist das Ziel! Es geht weit darüber hinaus. Vergleichbar mit der Elektrizität, wo die Vereinigung von plus und minus auch nicht neutral ist (versuchen Sie's mal), sondern Strom ergibt, Energie also, so ergibt auch die Sexualität in der Vereinigung von Mann und Frau nicht einen Ausgleich der Energien, sondern eine Verbindung von männlicher und weiblicher Energie zu einer weit darüber hinausgehenden Energieform: Schöpfungsenergie!

Sexualität ist, wie es die matriarchalischen Kulturen gelehrt und praktiziert haben, die Vereinigung mit

Gott und der Göttin, die engst mögliche Verbindung mit dem Göttlichen hier auf Erden.

Grundbedingung hierfür ist eine Form des „Sich-Öffnens", die den meisten Menschen völlig fremd ist. Die meisten haben geradezu panische Angst davor, sich einem anderen zu öffnen! Allerdings ist auch - vor allem bei der Frau - dieser Zustand extrem verletzlich. Sie wird sich nur dann ganz öffnen können, wenn ihr der Partner absolute Sicherheit bietet. Da darf auch nicht der kleinste Zweifel bestehen! Da hat bereits ein unbedachtes Wort die Zerstörungskraft einer Bombe! Das ist eine Grundvoraussetzung, die wir Männer schaffen müssen, und die äußerste Disziplin verlangt! Beispielsweise ist eine solche Form der Sexualität unter Alkoholeinfluss nicht denkbar. In diesem sich beiderseitigen Öffnen bleibt kein Raum für egoistische Gedanken. Alles ist auf den anderen angelegt. Und dann erfahren wir - paradox wie immer - die ganze Wahrheit des Sprichwortes: „Geben ist seliger als Nehmen!" Dann tun sich Bereiche auf, die mit dem, was man gewöhnlich Orgasmus nennt, nicht das Geringste zu tun haben. Es sind ekstatische Zustände, die man nicht beschreiben kann, die man erleben muss. Vor allem die Frau kann dann über sehr lange Zeit in Bereiche eintauchen, die uns hier sonst fest verschlossen sind.

Ich will hier kein „Sexual-Lehrbuch" schreiben. Aber ich möchte, dass Sie wissen, um was es in der Sexualität geht. Sie können in der Sexualität jede

Beziehung heilen und heiligen, und nichts eignet sich besser zum Träumen als die Sexualität! Im Orgasmus liegt eine Kraft, die wir nur allzu oft wirkungslos verpuffen lassen. Gedacht ist sie aber als Lebens-Kraft für uns. Nichts kann Ihre Zukunft schneller heilen und nichts Ihre Träume sicherer verwirklichen, als wenn Sie diese Kraft zielgerichtet einsetzen. Und sie ist für alles einsetzbar! Für die Heilung seelischer Wunden, für Ihre Gesundheit, für Ihre Sorgen und Projekte, schlicht für alle Ihre Träume! Nehmen Sie Ihre Träume mit und lassen Sie sie auf dem Höhepunkt los!

Und spielen Sie mit Ihrer Sexualität! Ohne Angst, ohne Schuld- und Schamgefühl! Sexualität ist etwas Heiliges, auch wenn sie sich in den Schaufenstern der Welt findet. Aber wir hängen das Kreuz in der Kirche auch nicht ab, nur weil es nebenan auch in der Kneipe hängt!

Sexualität lässt sich, heute zumindest, nicht lernen. Früher war das anders. In vielen Kulturen erhielten die jungen Männer von erfahrenen Frauen, denen spätere Zeiten in ihrer Unwissenheit den Stempel „Tempelhuren" aufgedrückt haben, ihre „Ausbildung". Und der Erfolg in der Ehe, im Leben und im Spirituellen gab ihnen Recht! Träumen Sie sich einmal in diese Welt hinein - aber bitte unvoreingenommen, ohne unsere moralischen Scheuklappen! Vielleicht können Sie sich dann vorstellen, unter welch anderem Stern der Beginn einer solchen Beziehung gestanden hat als heute so oft. Und sie müssen damit anscheinend auch weit harmonischere Lebensumstände erreicht haben als wir heute normalerweise.

„An ihren Früchten werdet ihr sie erkennen...", auch eines der Bibelworte, die bei vielen zu fehlen scheinen.

Wie gesagt, wir können zwar heute Sexualität nicht mehr lernen, aber sie lässt sich üben. Sie brauchen Zeit, müssen gegenüber üblichen Moralvorstellungen und Tabus immun werden und die Bereitschaft haben, sich ganz auf Ihren Partner einzulassen.

Voraussetzung für eine „Heilige Sexualität" ist immer eine große Hochachtung vor dem Partner. Sehen Sie in ihm Gott beziehungsweise die Göttin. Damit kommen Sie der Wahrheit ohnehin am nächsten! Behandeln Sie Ihren Partner entsprechend. Öffnen Sie sich, soweit es Ihnen nur möglich ist, spüren Sie seine Energie und nehmen Sie sie auf! Schon nach kurzer Zeit wird Ihr Leben nicht mehr dasselbe sein.

Eine große Rolle spielt dabei auch unser Besitzdenken. Die Ehe ist nicht etwa ein besonders geschützter Platz für glückliche Beziehungen, sie ist die staatliche Sanktionierung unseres Besitzdenkens: Das ist meine Frau! Die gehört mir!

Nach allem, was Sie bisher gelesen haben, brauche ich Ihnen nicht erst zu sagen, dass dies nie und nimmer funktionieren kann! Alles Große, alles Wertvolle gedeiht nur in der Freiheit! Jeder Zwang, jede Einengung „engt ein", und zwar genau das, was sich dadurch entfalten *sollte. Die ganze Perversität in unserem Denken zeigt sich zum Beispiel darin, dass die Sexualität (zu Recht) mit einem göttlichen Nimbus umgeben wird. „Tempel des Heiligen Geistes" nennt die Kirche die Sexualität der Frau! Doch nicht etwa die Praktizierung dieses hohen Gutes, nein genau das Gegenteil, der Erhalt der „Reinheit"(!), die „Integrität des Leibes" gilt als das höchste Gut! Der „Tempel" hat leer zu bleiben! Dafür kann man heilig gesprochen werden! Ein Tempel, erschaffen von Gott, um mit einem anderen Gottes-Funken geteilt zu werden und mit ihm zusammen in göttlicher Einheit zu verschmelzen. Wofür ihn Gott, wenn er leer bleibt, wohl benützen mag? In der Ehe ist dann die Sexualität - notgedrungen - zur Zeugung erlaubt!*

Was für ein Gottesbild! Was soll Gott mit unserer Sexualität anfangen, wenn wir sie nicht gebrauchen! Er hat uns nichts mitgegeben, was wir nicht brauchen oder brauchen können, oder nicht gebrauchen dürfen! Es ist schlicht Gotteslästerung, wenn wir annehmen, hiermit prüfe Er unsere Treue zu Ihm! Eher schon unseren Schwachsinn! Da macht Er uns eines der schönsten Geschenke, schenkt uns in der Sexualität den Brunnen des Lebens und wir nippen gerade mal daran! Und Er gibt im Überfluss, so wie Er immer gibt! Wir erhalten alles von Ihm! Alles! Es muss nur ein Herzenswunsch von uns sein, ein Traum! Doch was soll Er denken, wenn wir mit einem Fingerhut vor Ihm erscheinen, wo Er uns kübelweise geben möchte?

Wir waren bei der Freiheit! Meine Frau! Mein Mann! Und wenn der fremdgeht, schlag ich ihm das Kreuz ab! Dann sind wir geschiedene Leute! Es tut mir leid, aber ich kann diese Denkweise nicht nachvollziehen. Mit Sexualität oder mit Liebe hat dies nichts zu tun, auch wenn es sich damit schmückt. Hier geht es ausschließlich um Macht und Besitzansprüche!

Ich würde verrückt werden, wenn meine Frau nur deswegen nicht „fremdgeht", weil sie mit mir verheiratet ist. Sie hat alle Freiheiten der Welt! Sie ist doch nicht mein Besitz! Ich liebe sie und bin dankbar für alles, was ich mit ihr teilen darf, denn sie ist eine echte 8-Kühe-Frau. Aber doch nicht um den Preis, dass ich sie in einen goldenen Käfig sperre! Und - Sie ahnen es vielleicht schon - das Verrückte daran ist, je mehr Freiheit ich meinem Partner vor allem gedanklich einräume, desto weniger wird er davon Gebrauch machen müssen!

Wie so oft ist es auch hier unsere Angst, die das „Betrügen" geradezu heraufbeschwört! Bei vielen steht im Zentrum ihres Bewusstseins nicht die liebende Vereinigung mit dem Partner, sondern die Angst, er könnte ja fremdgehen. Das ist das gleiche, wie wenn ich vor dem gedeckten Tisch sitze und vor lauter Angst, es könnte morgen nichts mehr geben, keinen Bissen runter bekomme. Vielen Menschen nimmt die Angst vor morgen die Freude am heute und verhindert, dass sie das Heute leben. Es ist gerade umgekehrt, als es sein müsste.

Meine Freude am Leben heute ist es doch, die mir auch eine lebenswerte Zukunft für morgen erschaffen kann! Denn heute ist das Leben ja da, und morgen? Wenn morgen heute ist, erst dann lebe ich morgen!

Erinnern Sie sich: Niemand kann Sie verletzen oder enttäuschen oder Ihnen etwas wegnehmen, das Ihnen gehört, und niemand kann Sie betrügen. Machen Sie sich einmal Gedanken: Betrügen um was? Und es ist doch so, dass in der Regel nur dann jemand fremdgeht, wenn die Beziehung schon am Ende ist, zumindest nicht optimal funktioniert. In einer „Heiligen Sexualität" stellt sich diese Frage erst gar nicht! Statt zu verhindern, dass der Partner „fremdgeht", wäre die bessere Lösung zu schauen, wie die Beziehung sich heilen lässt. Und das erreichen Sie am sichersten mit Träumen!

Träumen Sie nach Herzenslust! Nirgends spielt die Phantasie eine größere Rolle wie in der Sexualität! Schlafen Sie immer mit Ihrem Traumpartner - egal wie er aussieht, egal wie er heißt, und lassen Sie alle Ihre Phantasien zu! Sie sind richtig! Alle! Nicht unterdrücken! Nicht denken, das ist ja unmoralisch, verbrecherisch oder was weiß ich was! Lassen Sie's zu! Das sind Sie! Einer der Freiräume des Träumens ist es ja gerade, andere Realitäten durchzuspielen, durchzuleben, als die, die wir für unser Wach-Bewusstsein und unser „reales" Leben gewählt haben. Vergessen Sie alles, was man tut oder nicht tut, was man denkt oder nicht denkt. Von krankhaften

Zuständen abgesehen fühlen wir uns damit nur dann schlecht, wenn wir deswegen Schuldgefühle haben!

Lassen wir's damit gut sein! Schauen Sie sich das Zentrum Ihres Bewusstseins an. Was sehen Sie da? Ab morgen hoffentlich den Traum vom Leben und der Liebe und den Traum von der Liebe mit Ihrem Traumpartner!

Noch etwas ist eng mit dem vorherigen Thema verbunden: Unsere Besitzangst ist der Hauptgrund für Streit im Kleinen (und Krieg im Großen)!

Vor allem bei Frauen verbreitet ist die Angst, eine andere Frau könnte schöner oder besser sein. Mit der Folge, dass man sich gegenseitig schlecht macht und abwertet! Der typische „Klatsch" entsteht auf diese Weise! Was für einen Grund gibt es, einen anderen schlecht zu reden? Doch nur den, dass ich gefühlsmäßig umso höher steige, je tiefer ich den anderen hinabstoße. Und wehe dem Mann, der eine andere in Gegenwart seiner Frau schön findet! Zumindest ihre Blicke sprechen dann Bände. Und so werden viele Männer gezwungen, abfällig über andere Frauen zu sprechen, nur damit ihre Frau zufrieden ist. Wir umgeben uns ständig mit negativen Schwingungen, senden anderen nur Negatives und wundern uns, wenn wir ebenfalls nur Negatives erhalten!

Ich finde sehr viele Frauen schön, meine Frau übrigens auch! Und ich freue mich über jede schöne Frau! Ich freue mich doch auch an jeder schönen Blume, an jedem schönen Wald oder auch an einem schönen Auto! Wenn ich eine schöne Frau sehe und mich über sie freue, dann geht automatisch dieses Gefühl der Freude auf sie über. Es mag nicht viel sein, aber es ist ein Strahl der Liebe und er wird an ihr hängen bleiben und sie etwas schöner und etwas glücklicher werden lassen! Freude und Liebe ist eine sehr hohe Schwingung und es wird auch ihre Schwingung anheben.

Und wenn es ihre Schwingung anhebt, dann habe ich dadurch die Schwingung der Welt um ein Winziges angehoben. Und das ist die einzige Möglichkeit, die Welt zu verbessern! Alles andere ist Illusion. Stellen Sie sich einmal vor, jeder Mann würde bei jeder Frau, die er sieht, lächeln und sich freuen und denken, wie schön, dass es so etwas Schönes gibt! (Umgekehrt natürlich auch!)

Bis hierher sind sicher noch einige bereit, mir zu folgen, auch wenn es vielen bereits schwer fällt! Doch dann müsste wenigstens der Zusatz kommen: „Aber ohne Hintergedanken!" Warum eigentlich? Wovor haben wir Angst? Gehen Sie bitte einmal möglichst unvoreingenommen in folgendes Bild hinein (das natürlich umgekehrt genauso gilt), oder noch besser, träumen Sie sich hinein:

Jeder Mann würde sich vorstellen, wenn er eine ihm sympathische Frau sieht, sie seien zwei Gottes-Funken, die sich auf ihrem Weg durch Zeit und Raum treffen und vom Urzustand der All-Einheit träumen! Es reicht ein Gedanke! Nur einen kurzen Moment davon träumen! Es wird ein Funkenregen höchster Energie auf beide niederprasseln, nur kurze Zeit und wir hätten das Böse weggeliebt!

„Drüben" gibt es Ausdrucksmöglichkeiten, die völlig anders aussehen als unsere Sexualität - es ist ja keine materiell-körperliche Ebene - aber genau dasselbe beinhalten, nur dass sie nicht auf eine Zweierbeziehung begrenzt sind. „Drüben" können wir in dieser göttlichen Ekstase mit vielen anderen verschmelzen. Letztendlich ist es doch das Ziel der Schöpfung, mit allen wieder zu verschmelzen, als ein „jenseitiger" Ausdruck unserer Sexualität. Und bei vielen steckt diese Ursehnsucht noch „tief in den Knochen"! Nur wissen die meisten nicht, woher dieses Gefühl kommt, können es nicht einordnen, sind verwirrt, versuchen sich an unsere Regeln zu halten und kommen doch nicht klar damit!

Die Sehnsucht nach mehr, häufiger Partnerwechsel, aber auch Gewalt, Missbrauch oder das, was als „pervers" gestempelt wird, hat oft hier seine Wurzeln! Doch es gibt kaum echte Hilfestellungen. Sie können Berichte über fast alle Bereiche des „Jenseits" finden, echte Sexualität kommt nicht vor. Während Sie über „irdische" Sexualität ganze Bücherregale füllen können, und auch Methoden der Energietransformation (Sexualmagie, Tantra, Tao) heute für jeden zugänglich sind, kenne ich praktisch keine Literatur über sexuelle

Ausdrucksformen in den geistigen Welten! Selbst wer in der Lage ist, diesen jenseitigen Bereich zu berühren, oder gar in ihn einzudringen, kann nicht ungefiltert darüber berichten. Wie kaum in einem anderen Bereich fehlen in unserer Welt hierfür nicht nur die Worte, sondern auch die Bilder! Einzige Möglichkeit, es zu „übersetzen", ist unsere Sexualität. Doch mit unserer heute üblichen und anerkannten Form der Sexualität als intime und dauerhafte Zweier-Beziehung, ist es mir nicht möglich zu beschreiben, wie viel natürlicher, unbeschwerter, unkomplizierter und ekstatischer das „himmlische Gegenstück" dazu ist. Jeder Versuch, es zu beschreiben, würde missverstanden und missdeutet werden. Vielleicht ist dies auch gut so. So kann jeder unvoreingenommen träumen. Und wie wär's, wenn wir unsere Sehnsüchte auf die Traumebene mitnehmen und - wie bei den Erfahrungen - eine Variante im realen Leben, die anderen im Traumleben „durchspielen"?

Wenn Statistiken belegen, dass die meisten Männer (umgekehrt auch viele Frauen) während des sexuellen Verkehrs zumindest gelegentlich davon träumen, mit anderen Frauen zu schlafen, dann ist das richtig so. Die absolute Sehnsucht ist die Vereinigung mit Gott und der Göttin, und die engste göttliche Vereinigung ist hier in unserer körperlichen Welt das Sexuelle. Promiskuität oder Sehnsucht nach anderen Frauen real oder in der Phantasie ist immer Sehnsucht nach der Göttin. Wenn man das weiß, sind „traumhafte" Beziehungen möglich und man kann jeder Frau „nachschauen", jede Frau real kommentieren und sich an ihrer Schönheit freuen, denn jede Frau ist ein Aspekt der Göttin und letztendlich in der großen Einheit ein Aspekt meiner Selbst!

Möglich ist dies zumindest für alle, die in „Heiligen Beziehungen" leben, die satt, glücklich und zufrieden sind. Und das sollte auch der Normalzustand sein! So war es zumindest gedacht! Dass bei uns heute der „Notstand" ausgebrochen ist und so viele hungrig, unglücklich und unzufrieden sind und am gedeckten Tisch verhungern, das ist wohl auch eine der Verrücktheiten, die wir unbedingt ausprobieren wollten!

Viele von uns haben Kinder und wollen, dass sie es „einmal besser haben"! Und sehen Sie, das ist der Punkt, wo viele heute schon träumen! Aber es ist Ihr Traum und sollte Ihr Kind nicht stark genug sein, sich dagegen wehren zu können, dann wird es die bittere Erfahrung machen müssen, einen falschen Traum übergestülpt bekommen zu haben. Es gibt Tausende von Geschichten vor allem von großen Künstlern, die zuerst den Berufswunsch ihres Vaters studieren mussten und todunglücklich waren und sich oft nur mühsam und spät davon lösen konnten.

Auch hier wieder reines Besitzdenken! Ihr Kind ist nicht Ihr Kind! Es ist ein Ihnen völlig gleichwertiger Gottesfunke, der Sie gebeten hat, ihn in Ihre Obhut zu nehmen, bis er sich selbst zurechtfindet! Aber er hat seinen eigenen Lebensplan und Ihre Aufgabe ist es, ihn für seinen Lebensplan vorzubereiten und nicht, ihn in Ihren eigenen einzuspannen.

Erziehung funktioniert nicht mit Gewalt, auch Worte haben meist einen eher bescheidenen Einfluss! Was funktioniert ist Vorleben - und vor allem Träumen!

Träumen Sie davon, dass Ihre Kinder etwas Großartiges werden, dass sie in Beruf und Partnerschaft glücklich werden und ihren Lebensplan erfüllen können! Und dann überlassen Sie sich und Ihre Kinder dem Fluss des Lebens. Er führt Sie zur richtigen Zeit an die richtigen Stellen! Immer! Sie müssen nur wachsam bleiben und Geduld haben! Handlungsbedarf kündigt sich meist durch deutliche Zeichen an. Sie werden sie erkennen! Vertrauen Sie auf sich und auf Ihre Kinder! Denn auch sie sind geschützt! Wir sind alle geschützt! Und die meisten Probleme entstehen nicht dadurch, dass wir zu wenig geschützt sind, sondern dass wir eigenmächtig und zur Unzeit losschlagen! Da sind wir oft ungeduldig! Wenn wir im Fluss des Lebens verbleiben, sind wir immer geschützt!

Alle Lebensbereiche können Sie mit Ihren Träumen erreichen! Ich will noch zwei herausgreifen, weil sie heute große Bedeutung haben:

Schönheit und Gesundheit!

Es ist heute fast schon Mode, sich nicht schön zu finden, und dann Unmengen von Zeit und Geld in die Schönheitspflege zu stecken, ohne auch nur einen Funken glücklicher zu werden dadurch! Und genau um das geht es! Wieso verwenden wir Zeit und Energie auf etwas, das uns nicht glücklicher macht? Wenn Sie hundert Leute fragen, was Sie glücklich macht, dann werden Sie viele Antworten hören, aber die nicht:

Glücklichsein ist eine Einstellung, die von innen kommt, nicht ein äußeres Ereignis!

Und so ist es auch mit der Schönheit! Ob Sie sich schön finden oder nicht, das hängt nicht von Äußerlichkeiten ab. Es ist nicht der Winkel Ihrer Nase oder die Breite Ihres Mundes, auch nicht Ihre Haarfarbe! Es ist Ihre Einstellung zu sich selbst. Was „Schönheitsköniginnen" oder „Models" auszeichnet, ist nicht echte Schönheit, es sind leblose Masken, außer - und auch von ihnen gibt es immer wieder einige - sie werden von innen her belebt. Diese Masken sind aus Bedürfnissen entstanden, nicht etwa aus echten Gefühlen!

Schönheit kommt von innen. Sie ist der äußere Ausdruck des inneren Feuers, der inneren Freude, und vor allem der Liebe zum Leben und zu sich selbst. Echte Schönheit hat immer ein Strahlen im Gesicht. Schauen Sie sich „schöne" Männer und Frauen einmal genau an. Was ist es, das sie schön macht? Schauen Sie auf die Details. Es wird Ihnen nicht gelingen, diese Schönheit an irgendwelchen Einzelmerkmalen festzumachen. Die

Augen sind nicht anders als bei anderen, die Nase ist vielleicht sogar größer, der Mund kleiner: Schönheit ist kein Gesamt-Eindruck sondern ein Gesamt-Ausdruck.

In Wirklichkeit ist es die Seele, die sich in unserem Gesicht spiegelt und die lässt sich nicht schminken! So wie Sie sich verändern, wie Ihr inneres Feuer zunimmt, Ihre Lebensfreude und Ihre Lebenskraft, so wie Sie nur noch die Gefühle zulassen, die Sie selbst gewählt haben, so wie Ihre Liebe zu sich und dem Leben zunimmt, so wird sich ein Glanz auf Ihre Seele legen, und dieser Glanz wird auch in Ihren Augen und Ihrem Gesicht erscheinen. Und das ist echte Schönheit. Das ist das, was beim anderen ankommt!

Selbstverständlich können wir uns Schönheit auch träumen! Auch für unseren Partner! Erinnern Sie sich an die 8-Kühe-Frau? Genauso geht's! Der ewig gleiche Fehler, dass wir uns heute ablehnen, verhindert die Verwirklichung unseres Traumbildes! Die Wurzel des Baumes, auf die er seine ganze Existenz stützt, das ist unser Heute! Was Sie heute sind, das ist Ihr Werk von gestern! Und es ist gut so! Es war das Beste, das Sie unter den gegebenen Umständen erreichen konnten! Nehmen Sie es an! Sie sind auch heute schön! Nur weil Sie morgen vielleicht noch schöner sein werden, sind Sie heute doch nicht hässlich. Da waren wir wieder beim Fortschritt und bei den ersten Autos! Kein Mensch findet sie schlecht! Im Gegenteil! Alle lieben sie und zahlen hohe Preise dafür!

Sie sind heute das Optimum, das Ihnen bisher möglich war. Akzeptieren Sie es und nehmen Sie es als Basis, als Sprungbrett für die Zukunft! Lesen Sie die 8-Kühe-Frau noch einmal! Die Verwandlung war nur möglich, weil sie von vornherein als 1-Kuh-Frau akzeptiert wurde, dann aber sofort in den Stand der 8-Kühe-Frau erhoben wurde. Ohne Bedingungen, ohne wenn und aber. Nicht in Aussicht gestellt, wenn sie sich ändert und sich anstrengt und..., nein, augenblicklich akzeptiert und als 8-Kühe-Frau geliebt! Tun Sie dasselbe mit sich, mit Ihrem Leben, Ihrem Partner, Ihren Kindern, mit heute, mit morgen, mit allem! Schönheit ist, sie wird nicht! Sie ist heute! Und morgen ist sie wieder heute!

Gesundheit ist das Thema, mit dem ich mich am schwersten tue. Es ist ein Bereich, der sehr langsam reagiert, weil die Veränderungen oft sehr tief ins Stoffliche hineinreichen. Wir sehen heute in nahezu allen Bereichen eine extreme Beschleunigung der Lebensabläufe. Viel schneller als in früheren Zeiten kommt das, was wir säen, ans Licht. Oft erfahren wir die Auswirkungen, kaum dass wir die Ursachen gesetzt haben. Was früher Jahre und Jahrzehnte dauerte, bis ein Ergebnis sichtbar wurde, dauert heute oft nur noch Tage und Wochen. Frühere Generationen mussten wohl Probleme gehabt haben mit dem Wort: „Was wir säen, werden wir ernten!" Sie konnten es sicherlich oft nicht nachvollziehen, wenn sie die Ernte manchmal gar nicht mehr erlebt haben. Wir haben heute viel bessere Möglichkeiten, Änderungen vorzunehmen und Verhaltensweisen zu überdenken, weil wir in viel kürzerer Abfolge die Ergebnisse serviert bekommen.

Vielen geht es heute zu schnell! Ich sehe es als Chance, in kürzerer Zeit wesentlich mehr erreichen zu können. So wird eine viel schnellere Entwicklung möglich! Der Gesundheitsbereich macht hier jedoch eine Ausnahme. Oft wird das Ergebnis verfehlter Lebensweise erst Jahre später sichtbar! Und weil der Zusammenhang zwischen Lebensumständen und Krankheit von Medizin und Pharmaindustrie entweder totgeschwiegen oder sehr widersprüchlich diskutiert wird, hat sich bei vielen ein gewisser Fatalismus breit gemacht: Wenn's mich trifft, kann ich eh nichts ändern! Wir haben eines vergessen:

Gesundheit ist unser natürlicher Zustand. Die Natur, Tiere, Pflanzen, alles, was sich im natürlichen Zustand befindet, ist weitestgehend gesund! Heute haben wir Krankheit als normal akzeptiert! Wir sehen sie als Veränderung in unserem Körper, die man einfach akzeptieren muss und mittels eines guten Arztes und der „heutigen Medizin" meist ja auch wieder in den Griff bekommt! Hie und da kann man etwas vorbeugen, aber im Großen und Ganzen ist es „gottgegeben"! „Gottesstrafen" waren es früher, Pest zum Beispiel oder Aussatz, auch Geschlechtskrankheiten eigneten sich hierfür hervorragend, und kaum war „Aids" geboren, schon standen die Rufer in der Wüste wieder Gewehr bei Fuß: „Gottesstrafe! Wir haben es ja immer gesagt!" Manchmal könnte man meinen, wir hätten das Mittelalter immer noch nicht verlassen!

Alle spirituellen Richtungen und viele Naturheilkundige sind sich einig: Krankheit ist ein Ausdruck der Seele! Es ist der sichtbare Ausdruck von all dem, was wir bei diesem Bereich angesprochen haben. Es gibt nichts Materielles, keine Veränderung im Materiellen, keinen Ausdruck im Äußeren, der nicht zuerst als Eindruck in unserem Inneren existiert. Gedanken, Träume, Ängste, Wünsche, Gefühle erschaffen unsere Zukunft, und dieselben sind es, die unsere Krankheiten erschaffen!

Im Extremfall, mit einem im Göttlichen zentrierten Bewusstseinszustand, können Sie essen, trinken, tun, was Sie wollen, Sie werden es nicht schaffen, Ihren Körper krank zu machen! Selbst Gift wird in diesem Zustand neutralisiert! Zu viele Mystiker und Yogis haben es vorgelebt, als dass es als Märchen abgetan werden kann. Selbst nichts trinken und nichts essen ist möglich! Wie viele tausend Yogis üben sich in tage-, wochen-, monatelangem Sitzen, Liegen oder Stehen, auf Nagelbrettern, in winzigen Erdlöchern, eingemauert und was weiß ich noch alles. Keiner wird krank! Tagelang nackt im Himalaja sitzen und den Schnee im Umkreis von mehreren Metern mit der Körperwärme schmelzen, lebendig begraben mit einer Luftmenge, die nie zum Leben reichen dürfte, und es aller Medizin zum Trotz doch tut!

Aber wir wissen doch auch, um was es geht! Zumindest der Volksmund weiß es:

Dem ist eine Laus über die Leber gelaufen!

Dem läuft die Galle über!

Das schlägt auf den Magen!

Das geht an die Nieren!

Da krieg ich ja weiche Knie!

Der kommt auf dem Zahnfleisch daher!

Da bleibt einem ja die Luft weg!

Soll ich weiter machen? Wir haben verlernt, darauf zu hören und die alten Überlieferungen, die Botschaften unserer Ahnen, ernst zu nehmen. Wir sind die Großen, die Wissenschaftler! Was wussten denn die früher schon! Bestenfalls lächelt man darüber, gnädigerweise! Doch wir wissen es alle, und Ihre Seele weiß es auch. Wir sind wie kleine Buben, die auch ihre Erfahrungen machen wollen. Sie glauben solange nicht an das Feuer, bis sie sich selbst die Finger verbrennen! Es gibt keine äußeren Ursachen für Krankheit! Die Ursachen liegen in der Seele! Nur zur Ausführung, da bedient sich die Seele dann der so genannten Krankheitserreger und Krankheitsauslöser, die wir fälschlicherweise für die Ursachen halten. Bakterien und Viren, Stoffwechselentgleisungen und Genveränderungen, aber auch Unfälle gehören zu ihrem Repertoire. All das sind Mittel zum Zweck, die Ursachen liegen tiefer!

Wie wenig unsere „normale" Medizin vermag, ist schon lange sichtbar! Sowohl die Zahl der Krankheiten als auch die Zahl der Kranken und vor allem der chronisch Kranken nimmt laufend zu. Der „Verdienst" dieser Medizin ist es, diese chronisch Kranken immer länger am Leben zu erhalten. Allerdings auch ein Verdienst in einer Welt, in der niemand mehr sterben will.

Weiter voran kommt die Naturheilkunde. Wo die Schulmedizin meist schon in den Symptomen hängen bleibt und bestenfalls Linderung anzubieten hat, arbeiten sich viele naturheilkundliche Methoden bis zu den vermeintlichen Ursachen vor. Sie haben auch immer wieder Erfolge damit, zumindest für einige Zeit. Da die wirkliche Ursache aber nicht behoben ist, langt die Seele wohl oder übel erneut in ihre Trickkiste. Was vorher ein Magengeschwür war, da wird nun eben eine Nierenbeckenentzündung daraus. Auch hier hat der Heiler wieder Erfolg. Auch das nächste Mal und vielleicht auch noch das übernächste Mal! Doch irgendwann wird es der Seele zu bunt! Ewig lässt sie sich und ihre Botschaft nicht ignorieren! Sie handelt ja nicht allein und auch nicht gegen uns. Sie handelt in Übereinstimmung mit unserem Lebensplan und serviert uns solange dasselbe, bis wir's begriffen haben!

Auch hier gilt: Es geht um Erfahrungen! Auch wenn Sie die Botschaft nicht verstehen und krank werden und vielleicht sogar daran sterben, auch dann war es kein „Fehler", kein Versagen! Auch dann sind Sie nicht durch eine Prüfung gefallen! Sie haben nur die Erfahrung gemacht, dass alles seinen Preis hat, dass Sie zwar völlig frei sind in Ihren Entscheidungen, aber auch die jeweiligen Folgen tragen müssen. Und glauben Sie mir, es gibt keine Erfahrung, die größer oder wichtiger wäre als andere! Wir brauchen alle!

Wir könnten aber auch beschließen, eine andere Erfahrung zu machen, die Erfahrung beispielsweise, wie das Geistige sich im Materiellen ausdrückt, oder in anderen Worten, wie schnell der Körper reagiert, wenn ich meinen seelischen Müll beiseite räume! Um was es dabei geht, haben wir bereits gesehen:

In erster Linie ums Loslassen:

Schuld, Verletzungen, Groll, Hass

In zweiter Linie ums Urteilen:

Kein Urteil mehr abgeben, alles stehen lassen, als eine Möglichkeit annehmen, als Ausdruck einer anderen Seele, die niemand beurteilt außer dieser Seele selbst, auch Gott nicht, auch Sie nicht! Und das gilt genauso auch für Ihre eigenen „ungeliebten" Eigenschaften. Nicht urteilen, annehmen und im Traum ausleben!

Und endlich geht es um die Souveränität in Ihren Gefühlen! Wählen Sie Ihre Gefühle selbst! Kein Automatismus mehr! Was jemand tut, ist eine Sache! Wie ich darauf reagiere eine völlig andere!

Wählen Sie Freude, Frieden, innere Ruhe und lassen Sie sich durch nichts aus dieser Ruhe bringen! Es ist

Ihre Wahl! Es gibt genügend Menschen, die es unter fast undenkbaren Umständen vorgemacht haben!

Und dann verbannen Sie endlich das Gespenst „Krankheit" aus dem Fokus Ihres Bewusstseins! Solange die Krankheit dort verbleibt, manifestiert sie sich, auch wenn Sie sie gerade dadurch loswerden wollen! Ersetzen Sie sie durch „Gesundheit"! Statt Angst vor Krankheit, Träumen von Gesundheit!

Gesundheit ist unser natürlicher Zustand! Und der Körper hat die Mittel, sich selbst zu heilen! Das müssen wir zuerst wieder lernen! Und zulassen! Wir meinen immer, Krankheit sei normal und wir müssten den Körper ständig schützen vor Bakterien und Viren und Giften und Krebs und ...

Der Körper heilt sich übrigens oft nachts im Schlaf! Viele Träume handeln davon und werden von der Traumanalyse fälschlich als „Warnsignale" missdeutet. Auch hier kommt wieder das ins Spiel, was wir „selbst erfüllende Prophezeiung" genannt haben. Wenn Ihnen jemand sagt: Vorsicht, da zeigt sich eine Krankheit, dann werden Sie krank, weil Sie daran glauben oder davor Angst haben! Aber auch ohne dies machen wir diesen heilen Zustand, wenn wir wach sind, oft wieder kaputt, weil es uns zu phantastisch vorkommt!

Gesundheit ist nicht nur machbar, sondern unser natürlicher Zustand! Träumen wir davon! In allen Variationen! Wir haben genügend Phantasie! Stellen Sie sich vor, was Sie erreichen wollen, und leben Sie es im Traum! Wenn Sie dann noch zu einer vernünftigen, natürlichen Ernährung finden, etwas Bewegung, etwas, das Ihnen Spaß macht, und wenn Sie dann die Hilfe eines guten Naturheilkundigen annehmen, dann haben Sie eigentlich schon gewonnen. Es gibt sehr viel Literatur auf diesem Gebiet, suchen Sie sich das aus, was sich für Sie gut anfühlt. (In unserem Verlag ist hierzu erschienen: „Säure, aus biologischer Sicht").

Es geht um Ihr Leben und Ihre Gesundheit!

Es geht um Ihre Gefühle und Ihre Erfahrungen!

Es geht um Ihre Träume!

Wählen Sie Ihre Gefühle und Erfahrungen selbst! Bestimmen Sie Ihre Träume und Ihr Leben selbst! Erlauben Sie niemandem, Kontrolle über Sie auszuüben, und geben Sie niemandem Macht über Sie, indem Sie zulassen, dass er Ihre Gefühle bestimmt!

Als ich einmal eine Mitarbeiterin aus sehr schwierigen Verhältnissen eingestellt habe, um ihr eine Chance zu geben, entpuppte sie sich als totaler Reinfall. Nicht nur, dass sie mehr falsch als richtig machte, auch ihr Umgang mit ihren Kolleginnen war schlicht untragbar. Es war schnell klar, dass sie nach der Probezeit nicht übernommen werden konnte. Dementsprechend war dann auch mein Verhalten. Ich war gereizt, abweisend und kurz angebunden, es waren negative Gefühle, die ich mir von ihr diktieren ließ und die ich ihr wieder *entgegenbrachte. Meine ganze Stimmung litt darunter. Da träumte ich nachts von einer Liebesbeziehung mit ihr, sie saß auf meinem Schoß und wir küssten uns leidenschaftlich. Ich wachte mit einem sehr schönen Gefühl auf, aber da sie äußerlich alles andere als mein Typ war, war ich zunächst schon etwas ratlos. Für die klassische Traumdeutung wäre der Fall klar. Chef und Angestellte, welch herrliches Klischee! Doch die Botschaft des Traumes war eine andere: Sie wollte mir sagen, egal, wie meine Schale aussieht, egal, mit was ich mich umgebe, im Kern bin ich eine Frau, die sich nach Liebe sehnt, die geliebt werden will und die als ein Gottesfunke auch liebenswürdig ist und die als solche auch Liebe geben kann. Ihre Arbeit war weiterhin indiskutabel und ihr Verhalten hat sich nicht geändert. Sie konnte sich nicht ändern, ich konnte sie nicht ändern und das war auch nicht die Botschaft des Traumes. Und trotzdem war unser Umgang miteinander verändert. Weil ich mich geändert habe! Ich konnte sie plötzlich mit mehr Achtung behandeln und sie hat es mir gedankt. Es war, wie wenn wir uns nun auf einer anderen Ebene verstehen würden.*

Wir können oft auf unserer materiellen Ebene nicht anders handeln, weil wir auch beim besten Willen gewissen Zwängen unterworfen sind. Aber wir können anders denken, anders fühlen und alles ändert sich!

Gedanken und Gefühle sind wie kleine Stellknöpfe an unseren „Empfangsanlagen", die automatisch und ohne unser Zutun ständig „auf Empfang" sind. Genau wie beim Radio: Die Frequenzeinstellung ist nichts anderes, als eine genaue Angleichung der Empfangselemente an die gewünschte Wellenlänge. Und wie das Radio auch, ziehen sie das an, das auf derselben Wellenlänge liegt.

Was und mit welcher Qualität etwas empfangen werden kann, hängt von der Beschaffenheit der Empfangsantenne ab: Art und Reinheit des Materials und seine Abmessungen: Form, Durchmesser, Länge. Die Einstellung der „Antennen" nehmen wir über unsere Absicht vor! Das bereits erwähnte Beispiel zeigt dies schön, wo sich zwei Personen gegenübersitzen mit dem Auftrag, sich aufeinander „einzustellen"! Und siehe da, es gelingt nur durch die Absicht, die Gehirnwellen aufeinander abzustimmen. Und genauso funktioniert Hellsehen, Hellhören, Hellfühlen, Gedankenübertragung. Der Unterschied ist nur der, dass der eine seine Empfangskanäle besser im Griff hat als der andere!

Empfangskanäle sind beispielsweise auch die Doppelhelix der DNS, also unsere „Gene"! Das sind zwei spiralig umeinander gewendelte Fäden aus vier verschiedenen Molekülen, die unseren gesamten Bauplan enthalten. Es ist jedoch inzwischen bekannt, dass dafür ein Bruchteil ausreichend wäre. Interessant ist aber, dass die erst vor fünfzig Jahren entdeckte DNS-Struktur bis ins Detail dem fünftausend Jahre alten chinesischen Weisheits- und Orakelsystem „I-Ging" gleicht, das nach taoistischer Auffassung die Grundlagen *beziehungsweise Grundstrukturen der Welt beschreibt! Die gesamte(!) DNS existiert in allen Zellen! Sie ist extrem wandlungsfähig, vom Knäuel bis zum komplett „abgewickelten" Faden, der dann mehrere Meter(!) lang ist, gibt es undenkbar viele Zustände. Hier liegt einer der Hauptschlüssel für unser Informationssystem! Und hier greifen unsere Gefühle an und verändern zum einen die Empfangsstruktur - ob wir Freude oder Hass, Liebe oder Trauer, Mangel oder Überfluss ausdrücken, verändert die Struktur und wir empfangen das Entsprechende. Zum Zweiten verändern wir dadurch auch die Grundstruktur des Körpers in Richtung Gesundheit oder Krankheit! Wir und niemand anders bestimmen unsere Gesundheit, unsere Lebensumstände, unser ganzes Leben! Unser freier Wille besagt nicht nur, dass wir tun dürfen, was wir wollen! Er besagt auch, dass wir es erhalten! Vorraussetzung ist, dass wir die volle Verantwortung übernehmen für alles, was gestern war, für alles, was heute ist, für alles, was in unserem Leben existiert, für alles, was zu unserem Leben gehört! Und wir müssen die volle Verantwortung übernehmen für alles, was wir heute erschaffen oder zu erschaffen vergessen, denn das gibt unser Morgen!*

Wir sind der Gott unseres Universums, das wir uns träumen und das unser Brautgeschenk sein wird, wenn wir am Ende unseres Weges Gott wieder in die Arme fallen. Doch legen Sie bitte auch hier menschliches Denken ab und machen Sie sich keine Gedanken über

Ihr Geschenk! Gott ist kein eifersüchtiger Liebhaber, auch keine Sport-Jury! Er erstellt keine Rangliste: Dein Geschenk ist kleiner, bitte zwei Plätze nach hinten!

Ja! Es ist Ihre Freiheit! Sie müssen nur leben! Nur das möchte Gott von Ihnen! Es ist alles erlaubt und ausdrücklich sogar erwünscht! Jeder hier weiß, in dem Moment, wo ich bekannte Grenzen überschreiten will, alle Möglichkeiten ausloten will, muss ich alles erlauben. Erlaube ich irgendetwas nicht, schließe ich von vornherein diese Möglichkeit und auch die damit zusammenhängenden Erfahrungen aus. Will ich also alle nur denkbaren Erfahrungen sammeln, muss ich alles erlauben. Was nicht heißt, dass ich dann auch wirklich alles tun muss. Es muss nicht jeder alle Erfahrungen selbst machen. Am Ende werden alle Erfahrungen in Gott gesammelt sein, und jedem uneingeschränkt zur Verfügung stehen, und Sie werden von meinen Erfahrungen profitieren und ich von Ihren, und wir werden vielleicht sehr froh sein an den Erfahrungen des Penners, den wir auf Erden immer so verachtet haben.

Wenn wir schon nicht in der Lage sind, „zu lieben um der Liebe willen", so wäre schon das Grund genug, die Erfahrungen der anderen und gerade auch ihre „negativen" lieben zu lernen. Dann muss ich ihnen doch dankbar sein und sie lieben, dass sie mir diese Erfahrungen abgenommen haben und ich sie nicht selber machen musste. Das ist ja genau das, was Gott auch tut, uns danken, dass wir die Erfahrungen machen. Er liebt uns dafür, dass wir Erfahrungen machen. Zum ersten Mal spreche ich hier von einer Zweckgebundenheit der Liebe. Doch genau das ist es. Das Wesen Gottes ist Liebe. Aber im Urzustand gibt es nur Gott. Nichts von Ihm Abgetrenntes, kein eigenständiges Bewusstsein außer Gott. Alles ist im Verborgenen, auch die Liebe. Ins Spiel kommt die Liebe erst, als Gott sich in die vielen Bewusstseinsfunken teilt, als die wir alle unterwegs sind. Erst da wird die Liebe sichtbar als das, was uns mit Ihm verbindet, erst da wird sie in gewissem Maße sinnvoll. Denn sie ist die Voraussetzung dafür, dass wir Erfahrungen machen können. Ohne sie hätte Gott gar nie eine von Ihm getrennte Schöpfung erschaffen können, da nur sie die Garantie bietet, dass alles „aneinander hängen bleibt" und wieder in die Einheit zurückfindet. Ohne Liebe gäbe es uns nicht.

Warum hat Gott eine Schöpfung geschaffen? Um Erfahrungen zu machen! Und die bedingungslose Liebe ist die Vorraussetzung dafür.

Erfahrungen sind grundsätzlich einmal neutral. Erst unsere Wertung macht sie zu „guten" oder „schlechten" Erfahrungen. Und die Wertmaßstäbe haben sich im Lauf der Geschichte schon oft geändert und bestehen in den einzelnen Kulturen in unterschiedlichstem Maße nebeneinander. Wo Mord für uns ein Verbrechen ist, gilt er in Blutrache-Kulturen, wo Ehrverlust so ziemlich das Schlimmste ist, das einem passieren kann, als herausragende moralische Leistung. Wo wir allein schon bei dem Wort „Folter" zusammenzucken, galt dies bei den Indianern als größter Tapferkeitsbeweis, und das Schlimmste, das einem gefangenen Indianerhäuptling passieren konnte, war, dass er kurz und schmerzlos umgebracht wurde, anstatt einer seiner Stellung und Tapferkeit gebührenden „Ehrung" am Marterpfahl. Maya-Könige haben sich oft schlimmste Schmerzen und Verstümmelungen beigebracht, um die Götter gnädig zu stimmen. Bei den Kelten gab es das „Königsopfer", wo die alten Könige, nachdem sie mit der Hohepriesterin noch ein Kind gezeugt hatten, anschließend geköpft wurden, um mit ihrem Blut dem Land neue Fruchtbarkeit zu verleihen. Ich könnte diese Liste endlos fortsetzen und sie würde immer unvollständig bleiben. Was ich damit sagen will: Wir sollten auf jeden Fall aufhören zu verurteilen und wenn möglich, überhaupt zu urteilen. Wir sehen alles nur durch unsere Brille. Und andere haben, Gott sei Dank, andere Brillen auf, denn ansonsten - auch wenn ich mich wiederhole - ansonsten hätte Gott ein Mensch genügt, alles andere wäre Verschwendung gewesen.

Das Böse ist wichtig! Unheimlich wichtig! Nur das Böse lässt uns die wahre Liebe finden, indem wir bereit sind, das Böse zu lieben! Ich weiß, wer das zum ersten Mal hört, winkt entsetzt ab. Wer will schon was mit einem Verrückten zu tun haben. Aber ist das so verrückt? Wir haben festgestellt, Gott liebt alle Seine Kinder gleich!

Und das, was wir Liebe nennen, ist der Faden, mit dem das Individuum nach seiner Abtrennung an der „Ursubstanz Gott" hängen bleibt. Es ist die Substanz, die das Universum zusammenhält, sie wird ewig unveränderlich sein. Ihr Versagen wäre nämlich gleichbedeutend mit dem Tod des Universums. Und wie bei unserem Klebstoff - dem ist es völlig gleichgültig, was auf dem Papier steht, das er zusammenklebt - so ist es mit der Liebe auch. Sie hält alles zusammen. Alles, was ist, ist Gottes Substanz, was ja gleichzeitig auch die Substanz der Liebe ist, und so hält sich alles gegenseitig zusammen, ewig, ohne zu fragen, ohne Unterschied. (Es geht hier nicht ums Rückholen! Das ist eine andere Frage. Es geht nur ums Zusammenhalten)!

Die Liebe hängt an dem Mörder genauso fest wie an dem Heiligen, ohne jeden Unterschied. Es ist, wie wenn die Liebe überhaupt nicht wüsste, an wem sie hängt! Dies in Abrede zu stellen, ist für mich die „Sünde wider den Heiligen Geist", denn der „Heilige Geist" ist nichts anderes als die Liebe! Gottes Geist, das ist die Liebe.

Also, noch einmal: Gott liebt alle Seine Kinder gleich. Und was sind Ihre Kinder? Was ist so eng mit Ihnen verwoben wie Gottes Kinder mit Gott? Was ist das Intimste, das Sie besitzen? Das was am engsten an Sie gebunden ist? Wenn Sie alles verlieren würden, was wäre das Letzte, das Ihnen bleibt? Es sind Ihre Gefühle und Ihre Erfahrungen! Das sind Ihre „Kinder".

Das, und nur das ist Ihre Schöpfung! Alles andere existiert ja schon. Alle Ereignisse, alle Handlungen, auch all Ihre Gedanken, alles, was wir erdacht und geschaffen haben, existiert bereits. All das ist Gottes Schöpfung. Ihre Schöpfung ist das, wofür Sie sich jeweils entscheiden, die Wahl, die Sie treffen, also das, was wir als Erfahrungen bezeichnen, sowie die Gefühle, die Sie aufgrund dieser Erfahrungen hervorbringen. Erfahrungen und Gefühle sind das Einzige(!), das Sie erschaffen haben, und es ist auch das Einzige, das Sie mit nach „drüben" nehmen. Verstand, Gedächtnis, Intellekt, das sind alles Funktionen des Körpers. Sie existieren nach dem Tod nicht mehr! Das Einzige, das wir mitnehmen, sind unsere Gefühle und Erfahrungen.

Und was machen wir mit unseren Gefühlen? Alle, die uns nicht passen, die uns peinlich sind, die uns an schwere Zeiten erinnern, sie alle schieben wir ab. Wir wollen sie vergessen, und wenn das nicht geht, verdrängen wir sie in den hintersten Winkel, sozusagen in die Kellerräume unseres Bewusstseins, und das nennen wir dann „Unterbewusstsein". Und in verstärktem Maße machen wir dasselbe mit den Gefühlen und Erfahrungen der anderen Menschen. Wir werten und bewerten sie solange, bis sie in die Schubladen passen, die von uns und den jeweils herrschenden Moralvorstellungen geschaffen wurden.

Den meisten von uns wird es bereits sehr schwer fallen, bestimmte Handlungen nicht abzuwerten, noch viel schwerer, überhaupt nicht zu werten, aber bestimmte Handlungen auch noch zu lieben, das ist für uns völlig außer der Welt! Und doch geht es genau um das. Um zu Gottes Liebe zu gelangen, um sie überhaupt verstehen zu können, muss ich genau diese Liebe entwickeln.

Im Geistigen gibt es das Lernen im irdischen Sinne nicht. Im Geistigen lerne ich alles dadurch, dass ich zu demjenigen werde, dass ich mein Bewusstsein mit ihm verschmelze. Wenn ich Liebe lernen will, muss ich selbst zur Liebe werden. Wenn ich Gottes Liebe lernen will, muss ich selbst zu Gottes Liebe werden, dann muss ich, wie Er, alle meine Kinder lieben, alle meine Erfahrungen und Gefühle, auch die schlimmsten. Ich muss sie anerkennen und ihnen einen Platz geben, so wie Gott jedem von uns einen Platz gibt. Und dieser Platz bei Ihm oder besser in Ihm ist immer reserviert für uns zu jeder Zeit, es ist unser Platz, auch heute, auch gestern, auch als wir böse waren, auch als es wehgetan hat!

Liebe finden heißt, den Weg vom Bösen zum Guten gehen und dabei alles Böse aufzusammeln und ihm eine Platz in unserem Herzen zu geben. Es akzeptieren, es lieben. Das heißt nicht, es zu tun! Ich habe einen freien Willen, und der wird von allem respektiert, auch von unseren Gefühlen! Ich bin immer frei, zu tun was ich will. Auch wenn Gott uns liebt und der Platz für uns immer frei ist, dann tut Er doch nicht unsere Werke! Aber Er dankt uns dafür und Er schaut sie sich an und Er ordnet sie in Seinem Bewusstsein. Sie werden unter der Rubrik „Erfahrungen" abgelegt mit Verknüpfungen zu all den anderen Erfahrungen und sie lassen sich mit den entsprechenden „Computerprogrammen" jederzeit aktivieren, verarbeiten, vergleichen und ..., wer weiß, wozu sie gut sind.

Tun Sie dasselbe mit dem „Bösen", dem Hass, dem Zorn, dem Unangenehmen und Peinlichen, dem Beschämenden, dem Kleinlichen, dem Versagen, dem Irrtum, dem Schweren, der Trauer, dem Furchtbaren, der Angst, dem Missbrauch, dem Schmerz, den Tränen, mit allem, was Sie bisher nicht haben wollten. Machen Sie mit allem das gleiche, was Gott macht. Geben Sie ihm einen Platz in Ihrem Herzen und nehmen Sie es dankbar an, als ein Gefühl, das existiert, das wie alles, was existiert, eine Daseinsberechtigung hat und das Ihnen in vieler Hinsicht erst zu Ihren Höhenflügen verholfen hat. Sie sollen das Böse und Schwere nicht suchen, aber wenn es kommt, annehmen, lieben und leben lassen. Sie sollten es im Gleichgewicht halten! Vergleichen Sie es mit den Schädlingen. Eine Natur im Gleichgewicht kennt keine Schädlinge. Erst der Eingriff von außen, die Züchtung des einen und die Verbannung des anderen schafft Schädlinge. Es kommt nämlich bei dieser Betrachtung noch ein ganz wesentlicher Punkt hinzu, der in der Regel auch völlig anders gesehen wird:

Kein Mensch handelt mit der Absicht, etwas Böses zu tun! Ich weiß, dass sich hier den meisten die Haare sträuben! Doch ich wiederhole:

Jeder Mensch, ganz egal wie destruktiv er, beziehungsweise seine Handlungen auch erscheinen mögen, verhält sich nicht böse an sich, sondern er hat den Wunsch, etwas zu erreichen, das er für sich als ein erstrebenswertes Ziel betrachtet, als etwas, das nach seinem Ehrenkodex als gut gilt. Dass seine Methoden nicht angemessen sind, dass er die Auswirkungen auf andere nicht abgewogen hat, dass seine Realität aus einer höheren Warte völlig verzerrt ist, beweist nur, dass die Tat als solche nicht angemessen war, nicht Erfolg versprechend, vielleicht sogar grausam. Aber das widerspricht nicht der Feststellung, dass er sogar seine Gräueltaten in dem - allerdings völlig misslungenen - Versuch begangen hat, etwas zu erreichen, das er für gut gehalten hat.

Ich weiß nicht, wie es erstmals dazu gekommen ist, dass man Menschen zutiefst Böses für ihre Handlungen unterstellt hat. In alten Zeiten waren der Mensch und sein Bewusstsein eins mit allem, was war. Es muss wohl zu einer Zeit passiert sein, als das Bewusstsein des Menschen sich mehr und mehr als getrennt von allem anderen empfunden hat, und dadurch mit der Zeit auch nicht mehr in der Lage war, zwischen Tat und Täter zu unterscheiden. Und um diese Unterscheidung geht es. Die Tat mag noch so böse, schlecht, verwerflich sein, die Absicht des Täters ist etwas ganz anderes. Es ist für das Verständnis von Gott oder das Verständnis des Universums, aber auch für das Verständnis von uns *und gerade auch das Verständnis des Träumens absolut notwendig anzunehmen, dass jeder Mensch, wie auch jedes Tier, wie auch alles Geschaffene grundsätzlich eine gute Absicht hat.*

Gott hat uns alle losgeschickt mit der Aufgabe zu träumen! Mit der Aufgabe, mit dem vorhandenen Wissen zu spielen, ihm unseren individuellen Stempel aufzudrücken und mit allem Erfahrungen zu sammeln. Und wir sind alle Gott! Nein, nicht ganz! Das hört man zwar ständig, ich sehe es aber lieber umgekehrt. Ich bin nicht Gott, Gott ist mich! Alles, was ich bin, stammt aus Gott! Woher soll denn sonst etwas gekommen sein? Ich bin dieses abgetrennte Einzel-Bewusstsein Gottes, das sich hier Benjamin nennt, sie sind das abgetrennte Einzelbewusstsein Gottes, das sich hier Renate nennt,...! Gott existiert trotzdem in Seiner Gesamtheit weiter. Er ist sich all Seiner abgetrennten Individualitäten bewusst, Er hält sie ja alle fest, Er hängt mit allen zusammen, Seine Liebe füllt den Raum dazwischen. Also bin ich nicht Gott, nur ein Teil von Ihm, auch wenn ich mein Bewusstsein einmal mit allen anderen verbinden kann. Aber Gott ist mich! Und zwar ganz!

Wir haben noch eine wunderschöne Gelegenheit, uns dies zu verdeutlichen: Wir sind nach Gottes Ebenbild geschaffen! Das heißt nicht, dass wir Seine Nase haben, auch nicht Seine Augenfarbe. Es bedeutet, dass unser Aufbau derselbe ist! Haben Sie sich schon einmal überlegt, was Ihre Körperteile sind? Was Ihr Finger

„denkt", Ihr Herz, Ihr rechter großer Zeh? Nur die wenigsten werden sich darüber schon Gedanken gemacht haben. Aber unsere Organe und Körperteile haben ein eigenes Bewusstsein! Und sie kommunizieren miteinander über Lichtimpulse („Bio-Photonen"), wie der Physiker Popp schon vor dreißig Jahren nachgewiesen hat! Sonst wäre unser Körper gar nicht lebensfähig! Nur so ist es zu erklären, dass eine Herzzelle stets wieder eine Herzzelle erzeugt, und dass bei einer Verletzung aus völlig neu entstehenden Zellen genau das verletzte Gewebe neu gebildet wird, und nicht etwa Leberzellen bei einer Hautverletzung oder Herzzellen nach einer Zahnextraktion. Und es bilden sich auch immer nur so viele Zellen nach, wie wirklich gebraucht werden (Krebszellen entstehen durch den Verlust der Kommunikationsfähigkeit). Eine solch perfekte Organisation ist nur über ein eigenes Bewusstsein zu erreichen, das ja von der Medizin auch richtigerweise „Körperbewusstsein" genannt wird.

Nur was dies in geistiger Hinsicht bedeutet, darüber wird noch nicht einmal spekuliert. Versetzen Sie sich doch einmal in Ihren kleinen Finger. Was fühlt er wohl? Was denkt er wohl, wer er ist? Und wer Sie sind? Was denkt er wohl, wer ihn bewegt, oder glaubt er, er ist es selbst, der sich bewegt? Und was glauben Sie, wer oder was Sie bewegt? Alles Gedanken, über die es sich lohnt, einmal länger und intensiver nachzudenken, oder besser noch, darüber zu träumen!

Und genauso ein kleiner Finger sind Sie in dem riesigen Schöpfungsgebäude, das wir Gott nennen. Übrigens lässt uns auch diese Analogie die Frage beantworten, wer wir sind. Wenn Sie sich und Ihren kleinen Finger betrachten, dann könnte man sagen: Sie sind auch Ihr kleiner Finger, umgekehrt sicherlich nicht: Ihr kleiner Finger, das sind Sie. Aber auf jeden Fall: Sie und Ihr kleiner Finger sind eins. Genauso geht es uns mit Gott. Gott ist mich (Sein kleiner Finger), aber ich bin nicht Gott! Aber auf jeden Fall: Gott und ich sind eins!

Klar bin ich in meiner irdischen Existenz nur ein winziger Teil dieses großen Bewusstseins, der sich auch noch freiwillig bis zur Unkenntlichkeit abgegrenzt hat. Hier liegt der Ursprung unserer spirituellen und religiösen Missverständnisse, dass wir nur die Trennung sehen und uns dadurch notgedrungen klein und unbedeutend vorkommen müssen und zu allem Überfluss auch noch alles Materielle als „leblos", als tote Materie ansehen.

Doch es gibt nichts Totes! Jede Zelle hat ein eigenes Bewusstsein, jedes Atom, jedes Elektron, auch das kleinste aller Teilchen hat ein eigenes Bewusstsein, hat eine eigene „Erfahrungsstruktur" und macht eigene Erfahrungen. Aber auch alles, was wir als tote Materie ansehen. Die Erde ist ein höchstlebendiger Organismus. Sie ist unsere Mutter! Sie lebt und sie sorgt für uns wie wir für unsere Kinder! Unser Problem ist, dass wir viel zu egozentrisch sind und viel zu überheblich. Der Mensch als Maß aller Dinge, der klägliche Rest nur

Dekoration! Wie kann jemand annehmen, dass die vielen Milliarden Sonnensysteme mit ihren jeweils mehreren hundert Milliarden Sonnen (die Zahlen geben nur das wieder, was unseren Astronomen heute bekannt ist, die Wirklichkeit liegt weit darüber), wie kann jemand annehmen, dass dies tote Materie ist, nur zur Illustration unseres Nachthimmels gedacht? Entschuldigung, aber das ist noch nicht einmal lächerlich! ALLES LEBT! ALLES! Jede Sonne ist ein Lebewesen und zwar ein höchst mächtiges! Nur weil wir diese Art von Leben, diese Art von Bewusstsein nicht verstehen können (mit unserem körperlichen Verstand wohlgemerkt, es gibt sehr wohl die Möglichkeit, auf Bewusstseinsebene etwas darüber zu erfahren), nur weil wir es nicht verstehen, glauben wir, es gäbe es nicht!

Alles ist Gottes „Substanz" und alles, was Er geschaffen hat, hat auch Bewusstsein, und alles, was Bewusstsein hat, lebt. Nur gibt es halt sehr viele verschiedene Lebensformen, manche, die wir verstehen, und manche, die wir nicht verstehen. Im Übrigen rechnen unsere Astronomen damit, dass etwa einer von zehntausend Planeten erdähnliche Verhältnisse bietet. Das wären bei der heute bekannten Zahl von Sonnensystemen bereits einige Billionen, wo allein menschenähnliches Leben möglich wäre! Wir sind es heute gewohnt, mit großen Zahlen um uns zu werfen, aber ich glaube, nur sehr wenige machen sich auch Gedanken, was das wirklich bedeuten könnte!

Nun, vor diesem Exkurs über die Schöpfung waren wir bei der guten Absicht, die ich jedem Menschen unterstelle. Woher soll denn auch die böse Absicht kommen? Sie müsste ja geradewegs von Gott in uns angelegt sein. Wenn Sie meinen, dazu hätten wir ja einen freien Willen, dann bin ich damit nicht einverstanden. Den freien Willen haben wir, um alle Erfahrungen machen zu können, ohne jede Einschränkung, also auch die „bösen". Wir können uns ja sogar gegen Gott stellen! Aber das ist alles nur vordergründig. Das sind alles nur unsere Taten. Ich bin der Meinung, dass alles, was wir tun, unserem freien Willen unterliegt, dass aber die Absicht, in der dies geschieht, hinter unserem freien Willen steht, und dass diese Absicht eine direkte Funktion des Gottesgeistes ist, dass diese Absicht nichts anderes ist als die Liebe!

Das ist die Absicht, die hinter allem steht, hinter der ganzen Schöpfung und hinter jedem einzelnen von uns. Indem wir über die Liebe mit Gott zusammenhängen, repräsentiert die Liebe auch unser tiefstes und ureigenstes Wesen! Und nur das kann Gott so sicher machen (und auch mich), dass seine Schöpfung gut geht, dass alle wieder „heimfinden". Lassen Sie mich diesen allerwichtigsten Gedanken noch einmal festhalten:

Alles, was ist, ist Gott. Gott ist mich und Gott ist Sie. Alles hängt über die Liebe zusammen. Die Liebe ist die Absicht, die hinter allem steht, sie repräsentiert das Wesen Gottes und sie ist auch in uns als unser Wesen angelegt. Die Liebe übt einen ständigen Zug aus in Richtung Gott. Jedes Lebewesen spürt dies in seinem tiefsten Inneren. Wir haben einen freien Willen bezüglich all unseres Tuns. Doch die Absicht dahinter ist immer die unbewusste Sehnsucht zurück zu unserer „Heimat", zurück in die Geborgenheit des "All-Einen"! Jegliche Absicht aller Menschen ist grundsätzlich gut! Ziel ist es, möglichst viele unterschiedliche Erfahrungen zu machen. Und nur deshalb ist uns die Sicht auf diese Zusammenhänge verstellt. Nur so ist es uns möglich, auch die so genannten schlechten Erfahrungen zu machen, und nur dadurch sind wir überhaupt in der Lage, Böses zu tun. Wüsste jeder um seine Verbindung zu Gott und allen anderen Lebewesen, wäre dies von vornherein gar nicht denkbar. Nun gibt es viele Umstände, die Menschen dazu veranlassen, zunächst in falschen Richtungen zu suchen, falsche Wege zu gehen, Macht und Egoismus auszuprobieren, Gewalttätigkeit, Streit, Krieg. Doch niemand, kein Mann und keine Frau, wird je die gute Absicht verlieren können, da sie als solche in unserem Wesen eingebaut ist. Jemandem diese gute Absicht absprechen heißt, Gottes Werk nicht zu verstehen.

Was hat das alles mit Träumen zu tun? Sehr viel!

Gerade heute ist die Manipulation durch die Medien extrem groß. All diese negativen Berichte über die Menschen und ihr Tun lassen einen diese gute Absicht hinter allem sehr leicht vergessen. So werden heute die Menschen auf ihre schlechten Werke festgelegt und voyeuristisch zur Schau gestellt. Das Gute kommt bald nur noch in Fußnoten vor. Und das ist es, was die Leute denken, dieser Gedanke ist es, der das Zentrum ihres Bewusstsein besetzt: Die Menschheit ist schlecht! Und immer wieder: Die Menschheit ist schlecht! Es wird in allen Variationen gelesen, gehört, gesehen, geglaubt. Es wird in allen Einzelheiten ausgemalt und befürchtet.

Und genau das ist perfektes Träumen! Nur leider in diesem Fall in einer ziemlich unerwünschten Richtung und mit einem ziemlich unerwünschten Ergebnis. Und wie wir hergehen und hinter jeder bösen Tat eine böse Absicht vermuten, genauso gut könnte jemand hergehen und vom Ergebnis des „Traums": „Die meisten Menschen sind schlecht", auf die Träumer selbst schließen: Das Ergebnis ist, dass viele noch schlechter werden, also muss die Absicht wohl auch schlecht gewesen sein!

Wenn wir auf das Gute schauen und beim Bösen auf die gute Absicht dahinter, und wenn wir sicher sind, dass sich alles innerhalb des Willens Gottes bewegt, dann wird unser Traum wesentlich bessere und reifere Früchte tragen.

Vielleicht ist ein Punkt sogar noch wichtiger als alles, was wir bisher gesagt haben: Das Vermeiden von negativen Träumen und negativen Programmierungen. Wenn Sie stark genug sind, erhalten Sie alles, was Sie sich wünschen - auch wenn dies hauptsächlich im

Unbewussten liegt! Alles, was Sie mit einem Gefühl belegen: Hass, Verachtung, Urteil! Alles, wovor Sie Angst haben - auch im Unbewussten! Oft geht es hierbei um religiöse Vorurteile oder moralische Überhebungen über andere. Durchforsten Sie einmal Ihr Leben nach diesen Kriterien! Wir erschaffen uns unsere Zukunft selbst! Wir können niemandem einen Vorwurf machen! Und oft genug ziehen wir auch noch andere mit hinein (die allerdings auch nie „unschuldig" sind, denn auch sie bestimmen ihre Zukunft selbst)!

Ich will Ihnen zwei Beispiele dafür geben:

Ein Bekannter von mir ließ keine Gelegenheit aus, um voreheliche Beziehungen zu verteufeln und als Sünde zu brandmarken - beide Töchter von ihm brachten später uneheliche Kinder auf die Welt!

Eine Bekannte von mir, eine intelligente, gebildete Frau, erfolgreiche und karitativ engagierte Rechtsanwältin und Begründerin zweier sozialer Einrichtungen, wollte eigentlich die ganze Welt bewegen, kam aber nie über kleine lokale Erfolge hinaus. Auch ihre karitativen Einrichtungen blieben in den Anfängen stecken. Sie war ständig auf der Suche nach mehr, nach dem durchschlagenden Erfolg, nach dem gottgefälligen Werk, das die Welt und die Menschen verbessern sollte. Nachdem ihr dies versagt blieb, sieht sie sich immer mehr zum Leiden Christi hingezogen. Der „Ruf Gottes" in ihr wird immer stärker, eine klösterliche Gemeinschaft zu gründen. Sich einer bestehenden

Gemeinschaft anzuschließen kommt für sie nicht in Frage, da sie es ja ist, die die Welt bewegen will, und außerdem stört sie überall etwas anderes. Wie sie mir sagte, hätte sie sich in dieser Phase sehr gewehrt dagegen, aber Gott hätte ihr keine Wahl gelassen, etwas „Übermächtiges" hätte sie ständig angetrieben. Und es sei ja auch alles, wie von Gottes Hand gesteuert, optimal gelaufen. Als ganz besonderes Zeichen sah sie es an, dass der von ihr erwählte Gründungstag ihrer Gemeinschaft auf den Gedenktag ihrer Lieblingsheiligen und „zufällig" auch noch auf den „Herz-Jesu-Freitag" und den Sterbetag ihrer Mutter fiel, die immer ihr religiöses Vorbild war. So schaffte sie es tatsächlich, mit zwei Freundinnen die Gemeinschaft zu gründen und dafür auch noch den kirchlichen Segen zu erhalten. Dabei „verschreibt sie sich ganz Gott" und bittet ihn um „ein Leben in Armut" und um die Kraft, „alles Leid annehmen zu können", das er(!) ihr schickt! Die bis dahin kerngesunde Frau braucht gerade noch ein halbes Jahr, bis sie plötzlich bewusstlos zusammenbricht - akutes Nierenversagen, mit anschließender Lungenembolie und seitheriger Arbeitsunfähigkeit. Durch einige haarsträubende „Zufälle" wird sie kurz darauf auch noch wirtschaftlich völlig ruiniert und lebt nun - in totaler Armut! Sie versteht die Zusammenhänge auch heute nicht und beharrt darauf, dass alles Gottes Wille und Gottes Fügung war und freut sich, dass er sie erwählt hat, ihm so intensiv zu dienen! Es mag sein, dass dies ihr Weg ist, dass sie genau diese Erfahrungen machen wollte! Das kann und will ich nicht beurteilen. Auf jeden Fall aber war es ihr Traum, den sie sich von Gott erbeten hat, und Gott wertet unsere Träume nicht!

Und noch ein Beispiel, das Ihnen zeigen mag, dass nicht alles Führung ist, was oberflächlich betrachtet danach aussieht. Als es um neue Geschäftsräume für meinen Sohn ging, sah zunächst alles nach Fügung aus. Es lief wie am Schnürchen, es reihte sich eins ans andere und wir dachten, nachdem alles so optimal läuft, sei es auch für uns gedacht, auch wenn es für unsere Vorstellungen viel zu groß und auch viel zu teuer war. Doch als wir uns schon handelseinig waren, machte der Makler noch einen Rückzieher, da ihm wohl ein Großkonzern Interesse avisiert hatte und er sich eine noch höhere Miete erhoffte. Als dann nach einer Woche sein Anruf kam, diese Option hätte sich zerschlagen, hatte ich unterschwellig ein leicht ungutes Gefühl und habe nun meinerseits noch zwei Wochen Bedenkzeit erbeten. Es kam jedoch nichts Negatives mehr und so rief ich ihn nach zwei Wochen an, um ihm zuzusagen. Ja, nun sei ich zu spät, war seine Antwort, gestern hätte er an die Konkurrenz vermietet. Nach einer Stunde innerlichen Tobens, wo ich mir vorgeworfen habe, durch meine übertriebene Angst alles kaputt gemacht zu haben, kam plötzlich ein ganz starkes Gefühl der Erleichterung bei uns beiden durch und nur wenige Wochen später erhielten wir die Bestätigung, dass wir gerade noch einer mittleren Katastrophe entgangen sind.

Was ich hiermit sagen will: Es ist selten verkehrt, sich eine Bedenkzeit einzuräumen, wenn man sich nicht ganz sicher ist! Träume verwirklichen sich anders. Da gibt es kein unterschwellig ungutes Gefühl, keine Angst, auch keine Drucksituation.

Unsere Träume können unheimlich stark sein, sie können ganze Ketten von Zufällen erschaffen lassen, die uns wie „Gottes Führung" erscheinen, wenn wir nicht aufpassen und unser „Ego" nicht etwas zurücknehmen. Wir müssen genau darauf achten, was wir manifestieren! Viele große Katastrophen der Menschheit haben ihre Ursache in von uns erschaffenen Wahngebilden, die mit Gottes Willen verwechselt wurden.

Im Umgang mit uns fehlt uns oft das richtige Maß. In manchen Dingen nehmen wir uns zu wichtig, in anderen nehmen wir uns zu weit zurück! Wir denken oft zu sehr materialistisch und halten das Geistige für schwach. Wir messen alles an den sichtbaren Erfolgen, das Unsichtbare ist für uns zu nebulös, zu geheimnisvoll, zu wenig fassbar. Wir können oft nicht glauben, dass etwas, das uns als subtil, fast unterschwellig erscheint, gerade deshalb Wirkungen haben kann, die das, was für uns sichtbare Erfolge sind, um Welten übertreffen können. Für uns ist ein Vortrag umso wirksamer, je mehr Leute zuhören, ein Buch umso effektiver, je größer die Auflage, und ein geistiger Lehrer umso erfolgreicher, je zahlreicher seine Schülerschaft ist. Aus diesem Denken heraus versuchen wir dann oft mit dem „Kopf durch die Wand" zu gehen und unsere Vorstellungen und Ideen mit Gewalt durchzudrücken und verwechseln unsere Vorstellung mit dem Willen Gottes. Vor allem starke Persönlichkeiten tun sich hiermit schwer. Und gerade für sie ist es wichtig, sich immer wieder zu vergegenwärtigen, dass der „Fluss des Lebens" von alleine fließt! Alles, was wir zu erzwingen versuchen, mit Gewalt durchdrücken wollen, ist nicht der Fluss des Lebens! Gerade am Beispiel des Flusses sehen wir, wie eine minimale aber stetige Kraft wirken kann. Ein Fluss schneidet im Laufe von Jahrtausenden die größten Bergketten durch, wozu sonst nur starke Sprengladungen imstande sind, die jedoch nie solch harmonische Verhältnisse hinterlassen, wie es die Wassertropfen im Bündnis mit der Zeit schaffen.

Dazu folgende Gedanken:

Erinnern Sie sich an den „hundertsten Affen"? Es war eine bestimmte Menge von Affen nötig, eine so genannte „kritische Masse", worauf urplötzlich alle anderen nachzogen. Es hatte lange gedauert bis der hundertste Affe es kapiert hatte, doch dann konnten es schlagartig alle! Es gibt heute viele, die sich mit echter Spiritualität beschäftigen und sie auch leben, so gut sie können. Sicher, es sind nicht sehr viele, vielleicht ein paar Prozent, vielleicht weniger. Was wollen Sie da ausrichten? Wenn Sie aber nun der hundertste Affe wären? Jeder ist der Wichtigste! Wie es immer ein einziger Tropfen ist, genauso groß wie alle vor ihm, der das Fass zum Überlaufen bringt, so sind es oft die kleinen Schritte, die wichtige Veränderungen einläuten. Ich weiß nicht, ob ein Buch in Millionenauflage mehr bewirkt als eines, das nur wenige Menschen erreicht. Beide werden in das morphogenetische Feld eingespeist und hier dürften sehr wohl andere Gesetze gelten!

Es gibt momentan viele Zeichen, die andeuten, dass wir eine reelle Chance haben, uns in absehbarer Zeit auf die nächste Bewusstseinsebene hochzuhieven. Selbst Hollywood arbeitet in letzter Zeit mächtig an der Verbreitung dieses Gedankengutes. Angefangen von dem großartigen Gorge Lucas - Werk „Star Wars" über „Teuflisch", „Matrix", „Im Zeichen der Libelle" oder „Minority Report" (ein herrliches Beispiel für selbst erfüllende Prophezeiung und wahrscheinliche Zukünfte), um nur einige zu nennen.

Und wie beim hundertsten Affen braucht nicht jeder so weit zu sein. Bei irgendeinem ist die kritische Masse erreicht und dann geht die Lawine los. Doch werden nie alle bereit sein. Wer nicht soweit ist, wird die Erde verlassen wollen. Er würde gar nicht mehr klarkommen hier. Daher wird es nie ganz harmonische Übergänge geben können. Auch wenn ich nicht an die großen Weltuntergangs-Katastrophen glaube, werden Kriege, Naturkatastrophen, Krankheiten oder Unfälle nötig sein, die ihnen dann die Gelegenheit zum Gehen bieten. Es ist bei weitem nicht alles negativ, was uns so erscheint. Wir sollten mit unserem Urteil sehr vorsichtig sein.

Gott will nicht unser Urteil hören, Er will unseren Traum sehen!

In der Regel sind es nur drei Kriterien, an denen Träume scheitern:

Erstens muss ich im Traum innerhalb meiner Möglichkeiten bleiben. Auch perfekte Träume setzen keine Naturgesetze außer Kraft, auch wenn sie manchmal Wunder wirken. So werden Sie es nicht schaffen, ohne Sprit Auto zu fahren, und selbst wenn Sie über ein gutes Einkommen verfügen, ist es nicht sinnvoll, von einer Dreißig-Zimmer-Villa zu träumen.

Ihr Traum darf sehr wohl das sein, was wir umgangssprachlich als „Traum" bezeichnen, aber er muss nach „menschlichem Ermessen" realisierbar sein. Sie dürfen und sollen sich ruhig etwas zutrauen, aber im Rahmen Ihrer Gegebenheiten, Fähigkeiten und Talente. Unser Denken neigt gerne dazu zu übertreiben - oder viel zu kurz zu treten. Wenn Sie sich Ihren Gefühlen anvertrauen und einfach anfangen zu träumen, dann finden Sie das richtige Maß automatisch.

Sie müssen sich aber auch „würdig" fühlen. Wie soll denn Gott oder das Universum Ihren Traum erfüllen, wenn Sie ihn sich selbst nicht zugestehen?

Zum Zweiten können Träume verhindert werden, die zwar realisierbar, aber für uns selbst, jemand anderen oder für die ganze Menschheit gefährlich wären. Letzterem ist beispielsweise Nicola Tesla zum Opfer gefallen, von dem sicher schon viele gehört haben. Er war ein absolutes Genie und konnte die empfangenen Informationen nahezu perfekt umsetzen. Doch er fand so viele Steine auf seinem Weg vor, dass er seinen Traum nicht verwirklichen konnte. Statt seiner hat Edison das Rennen gemacht und wir haben heute eine Wechselstromtechnologie mit schädlichen Magnetfeldern, Hochfrequenzen, Mikrowellen, Ölraffinerien und Atomkraftwerken, aber eben nicht die Möglichkeit, die Erde wirklich zu zerstören! Das hätte uns geblüht, wenn Tesla seine Ideen durchgebracht hätte. Elektrischer Strom, Funk, Energiegewinnung, alles wäre weit billiger, verträglicher, bequemer gewesen. Aber hätte er seine unter dem Sammelbegriff „freie Energie" bekannten Erfindungen perfektionieren können, hätte sich als erstes das Militär der so genannten „stehenden Wellen" bemächtigt, und anders als bei der Atombombe, könnte diese Technologie tatsächlich in der Lage sein, die Erde buchstäblich zu zerreißen! Das „HAARP"-Projekt der Amerikaner in Alaska, das ebenfalls auf einem Patent Teslas beruht, kann uns einen kleinen Vorgeschmack bieten, was eine voll entwickelte Scalar-Technologie „leisten" könnte! Hier existieren zum Glück noch Schutzmechanismen, die unserem freien Willen Grenzen setzen.

Ähnlich sieht es aus, wenn der Traum konträr zu unserem Lebensplan steht. Wie wir gesehen haben, ist es zwar möglich, ihn unter Umständen mit Gewalt durchzudrücken, doch macht uns das nicht glücklich. Sich selbst etwas zurücknehmen, öfters unsere Aktivitäten unterbrechen, still werden und in uns hineinhören, uns immer mal wieder auf unsere himmlische Seele einlassen und sie bitten, nur das zuzulassen, was in unseren Lebensplan passt und uns hilft, unsere Lebensaufgabe optimal zu erfüllen, das wirkt Wunder. Desgleichen setze ich immer hinzu: Die Erfüllung meines Traumes darf nie jemand anderem schaden! Und das nicht nur aus Liebe, sondern auch aus reinem Egoismus. Wir sind keine Einzelwesen. Wir hängen alle zusammen, in Gott sowieso, aber auch noch auf anderen Ebenen. Ich weiß sicher, dass es so etwas wie ein „Gesamt-Menschheits-Bewusstsein" gibt. Und es gibt in der Schöpfung keine einzige Einbahnstraße. So wie ich darauf einwirken kann, wird es auch auf mich einwirken. Ganz knallhart ausgedrückt: Wenn ich jemandem schade, schade ich auch mir selbst! Mit diesem Punkt verwandt ist auch der dritte:

Wir dürfen nicht versuchen, die Träume anderer kaputt zu machen. Jeder hat ein Recht auf seine Träume! Und wenn wir nicht damit einverstanden sind, dann müssen wir unseren Traum dagegen setzen, und dann wird sich der stärkere verwirklichen! Aber es muss unser Traum sein! Es reicht nicht aus zu träumen, dass der andere kaputt geht!

Viele unserer Umwelt- und Friedensaktivisten tappen in diese Falle! Es reicht nicht, etwas verhindern zu wollen.

Ich brauche dafür einen Traum, einen Herzenswunsch, dem ich mit meinen ganzen Gefühlen Leben einhauche!

Auch die Pharmaindustrie und die Großkonzerne haben einen Traum! Er heißt: Möglichst viel Geld verdienen! Es ist uninteressant, ob wir diesen Traum gutheißen oder nicht! Wenn er gut geträumt ist, will er sich verwirklichen! Außer wir sind in der Lage, mit unserem „Herzblut" einen noch intensiveren Traum dagegenzusetzen! Der Traum von einer gesunden Menschheit beispielsweise oder der Traum von einer idyllischen, gesunden und natürlichen Umwelt! Aber der Traum der Großkonzerne ist perfekt und die Träumer sind stark! Da müssten als Gegengewicht schon auch perfekte Träumer her! Aber mit dem Flugzeug nach Toronto fliegen und dort bei der Weltklimakonferenz demonstrieren oder zum Urlaub nach Südfrankreich, mit einem umweltschädlichen alten VW-Bus? Mit Terroranschlägen und Schäden in Millionenhöhe Atomtransporte verhindern? Und all die „Friedensdemonstrationen" mit hasserfüllten Tomatenwerfern? Kaltherzigkeit und Unehrlichkeit mag Menschen täuschen, das Universum fällt nicht darauf herein. Noch ein wunderschönes Beispiel, wie es nie funktionieren wird: Vor Jahren habe ich im Landtagswahlkampf von einer kleinen Öko-Partei eine Wahlwerbung in meinem Briefkasten gefunden mit folgendem Inhalt: Liebe Wähler! Sie haben zwar ein Schild an Ihrem Briefkasten mit der Aufschrift:

„Bitte keine Werbung", aber wie sollen wir Ihnen sonst mitteilen, dass auch wir gegen Werbung sind?

Während ich diese Zeilen schreibe, stehen wir kurz vor dem zweiten Irakkrieg! Bush und seine „Falken" haben einen Traum! Es ist uninteressant, was Sie oder ich darüber denken! Es ist ein Traum! Und sie sind stark und er ist perfekt geträumt! Millionen sind dagegen! Hasstiraden, Beschimpfungen Demonstrationen, eigensüchtige Profilierungen und Wandlung von Politikern zu selbsternannten „Friedensfürsten", glauben Sie, das reicht? Alle haben nur ein Ziel, den Amerikanern eins auszuwischen! Der Rest hat Angst, der Krieg könnte zu uns rüberschwappen und womöglich ihren Arbeitsplatz gefährden oder ihren Lebensstandart beeinträchtigen.

Glauben Sie, das reicht?

Kennen Sie jemanden, der träumt von einem friedlichen Irak? Der sich nichts sehnlicher wünscht, als dass alle Menschen im Irak friedlich, ohne Angst leben können, und der bereit wäre, sich dafür einzusetzen mit all seinen Kräften? Mit all seinen Möglichkeiten? Mit all seinem Geld? Wenn es sein muss, selbst mit anpacken?

Frieden funktioniert anders!

Stammtischparolen reichen nicht! Und weil es nur eine Handvoll Menschen sind, die obige Bedingungen erfüllen, deshalb ist Krieg noch eine Notwendigkeit! Zugegeben, er ist ein schlechter Ersatz für den Traum vom Frieden! Aber wenn ihn niemand richtig träumt? Dann tritt der

Krieg an seine Stelle, zerreißt die alten Strukturen, zerstört die trügerische Ruhe und bereitet den Boden für etwas Neues! Neue Chance, neues Glück! Dass wir jede Chance gleich wieder vergeben, zeigt nur, dass wir noch nicht soweit sind, ohne Krieg auszukommen.

Oder glauben Sie, dass ein Volk im Frieden leben kann, das die Würde der Frau im Tierreich ansiedelt? Das Weibliche ist die Lebensader eines jeden Volkes! Äußeren Frieden gibt es nur mit innerem Frieden und inneren Frieden gibt es nur, wenn Weiblichkeit und Männlichkeit im Einklang sind, in Harmonie leben und als gleichwertige und gleichberechtigte Pole gesehen werden, deren Vereinigung erst wieder das göttliche Ganze ergibt.

Oder glauben Sie, dass ein Volk Frieden finden kann, das genau diese Hoffnung mit seinen neugeborenen Mädchen tötet?

Oder glauben Sie, dass ein Volk Frieden finden kann, das einer Blutrachekultur huldigt? Wer etwas von Familienaufstellung versteht, den Verstrickungen, Schuldübernahmen und Stellvertretermechanismen, der weiß, dass eher die Sonne in den Mond stürzt!

Von Gandhi stammt der Satz: Es gibt keinen Weg zum Frieden, der Friede ist der Weg!

Versuchen Sie nie, den Traum eines anderen kaputt zu machen. Träumen Sie eine besseren - mit allen Konsequenzen, oder lassen Sie es bleiben!

Um den Faden vom Anfang dieses Abschnittes wieder aufzunehmen:

Es ist alles erlaubt. Und das Verrückte daran ist, je mehr erlaubt ist, desto weniger erlaubt man sich! Je mehr Fehler Sie ungestraft machen dürfen, desto weniger Fehler machen Sie! Ganz konkret: Erst wenn Ihnen alles, auch alles Böse erlaubt ist, erst wenn Sie sich selbst alles, auch alles Böse erlauben und zugestehen, erst dann tun Sie nur noch Gutes, erst dann haben Sie die Liebe perfektioniert.

Auch dem liegt ein relativ einfaches und doch so unbekanntes Gesetz zugrunde, das beim Träumen eine große Rolle spielt: Das was Ihren Bewusstseinsfokus besetzt, wird sich verwirklichen wollen! Es ist völlig uninteressant, ob Sie sich etwas wünschen oder vor etwas Angst haben, wenn Sie es genügend lang und genügend intensiv tun, wird es sich verwirklichen!

Wir kennen das im „realen Leben" von vielen Dingen. Als Fahrradfahrer weiß ich, wenn vor Ihnen ein Stein liegt und Sie fixieren ihn, dann werden Sie mit größter Sicherheit genau diesen Stein treffen, auch wenn der Weg noch so breit ist und Sie ja den Stein vermeiden wollten. Dies gelingt am besten, wenn Sie am Stein vorbeisehen. Ähnlich ergeht es einem Autofahrer, der nachts die Lichter der entgegenkommenden Fahrzeuge fixiert. Er wird unwillkürlich nach links gezogen. Oder bei Ihrer Arbeit. Wenn der Chef zusieht, dann konzentrieren Sie sich mächtig darauf, ja auch alles richtig zu machen, und machen gerade deswegen Fehler, die Ihnen sonst nie unterlaufen.

Das, was den Fokus Ihres Bewusstseins besetzt, will sich verwirklichen. Und wenn Sie mit aller Kraft versuchen, keine Fehler zu machen, dann ist der Fokus Ihres Bewusstseins „Fehler". Unser Bewusstsein „denkt" in Bildern, nicht in Worten, das Wort „keine" kennt es nicht. Es sieht nur den Fehler, schön bildhaft ausgemalt, der sich unübersehbar im Zentrum Ihres Bewusstseins breit gemacht hat, und genau der wird verwirklicht.

Glauben Sie mir nun, dass Sie erst dann keine Fehler mehr machen werden, wenn Ihnen alle Fehler erlaubt sind, und vor allem, wenn Sie sich diese Fehler erlauben und zugestehen? Ansonsten müssen Sie ja immer auf die Vermeidung dieser Fehler bedacht sein. Sie haben ständig genau das Bild im Kopf, das Sie vermeiden wollen. Erst wenn Sie sich die Fehler bewusst erlauben, werden sie kein Thema mehr für Sie sein, dann können Sie es abhaken, und was nicht in Ihrem Bewusstsein ist, das wird auch nicht verwirklicht! So einfach ist das.

Noch etwas zum Schluss, über das es sich lohnt nachzudenken. Jung hat es „Synchronizität" genannt. Gemeint ist die Häufung zufälliger Ereignisse. Jeder kennt das: An einem Tag laufen einem drei Bekannte über den Weg, dann eine Woche lang keine mehr. In einem Jahr hat man drei Unfälle, dann zehn Jahre keine mehr. Ein Vierteljahr lang machen Sie nichts kaputt, dann zwei Teller auf einmal und am nächsten Tag gleich noch ein Glas. Beim Zahnarzt kommen an einem Tag fünf Patienten mit Schmerzen am selben Zahn, dann zwei Wochen keine mehr. An einem Tag gelingt alles und an manchen geht alles schief.

Ich weiß eines sicher, dass es sich nicht um einen „blinden" Zufall handelt! Hinter allem steckt eine Gesetzmäßigkeit, die wir allerdings oft nicht sehen oder verstehen können. So ist die Synchronizität sicherlich eine Funktion des morphogenetischen Feldes. Bekannte Faktoren dafür sind beispielsweise: Alle Informationen, alles Wissen, alle Erfahrungen, Träume, Wünsche, Hoffnungen und Ängste, aber auch äußere Einflüsse wie Wetterlage, Erdbeben, Kriege, Sonnenaktivität, Sterne, Mond, Planeten und mit Sicherheit auch die Schwingung des gesamten Universums. Doch was im Einzelnen dazu führt, dass beispielsweise im Roulette drei Mal dieselbe Zahl hintereinander kommt, und dann mehrere hundert Male ausbleibt, darüber haben sich schon viele gescheite Leute den Kopf zerbrochen.

Doch wie die Berufsspieler beim Roulette, so können auch wir uns diese „Synchronizität" zunutze machen, wenn wir nur etwas aufmerksamer werden und etwas bewusster leben. Wenn ein Tag gut anfängt, dann können wir diesen Schwung aufnehmen und uns auf eine „positive Serie" freuen, uns in sie hineinträumen! Und wenn etwas schief geht, dann heißt das ja nicht, dass jetzt alles schief gehen muss. Aber wir könnten etwas aufmerksamer sein und dadurch den nächsten Unfall, den nächsten Strafzettel oder die nächste Katastrophe vermeiden. Wenn Sie sich etwas schulen, bekommen Sie mit der Zeit ein Gespür dafür und dies ist eine hervorragende Möglichkeit, den „Zufall" in unserem Sinne zu verbiegen und damit immer mehr nur die Erfahrungen und Gefühle zu erleben, die wir auch wirklich erleben wollen - und das nur durch unsere Aufmerksamkeit!

Doch seien Sie sicher, egal wie erfolgreich oder erfolglos Ihr Leben in Ihren Augen ist, ob Sie sich als Heiliger oder Versager empfinden, am Ende wird es für jeden genau gleich aussehen, und zwar so:

Am Ende unseres Lebens wird Gott neben uns stehen und sich bei uns bedanken. Wofür, werden Sie fragen. Dafür, dass ich Dich angebetet habe? Gott schüttelt leise den Kopf. Für meine Kinder? Für die Liebe zu meiner Frau? Gott schüttelt leise den Kopf. Für die Liebe zu Dir? Dafür, dass ich vielen Menschen geholfen habe, oft selbstlos war, nicht an mich gedacht habe? Gott schüttelt immer noch den Kopf und lächelt leise:

Nein, sagt Er, dafür, dass du dein Leben gelebt hast.

***

Auch die **Kinderbücher** von **Benjamin Klein** sind schon fast Legende. Über **30000** Ex. sprechen für sich selbst. Es sind jeweils in sich abgeschlossene Märchen aus der Welt der Kinder. Es sind die „Engel-Bücher" für Kinder. Sie öffnen die Augen für die geistige Welt, verzaubern sowohl Kinder wie Erwachsene und es sind Bücher, die man immer wieder gern zur Hand nimmt und die schon Fünfjährige zum Nachdenken bringen. Schenken Sie sich und Ihren Kindern mit diesen Büchern Sinn und Freude.

Lena-Maus, Orka der Schwan
ISBN 3-928080-02-4

Lena-Maus, Die Baumelfe
ISBN 3-928080-06-7

Lena-Maus, Die Weltenuhr
ISBN 3-928080-09-1

Jeder Band 48 Seiten gebunden, 19,5 x 22,5, mit 12 Aquarellbildern 12.-€/ 22.-SFr.

Ben der Wildschweinkönig
ISBN 3-928080-05-9
180 Seiten, geb. 12€.-/22.-SFr.

Die Geschichte des kleinen Wildschweins Ben, das sich in seiner Welt nicht wohl fühlt und angeleitet von seinem Großvater viele Abenteuer bestehen muss, die es immer tiefer einführen in die Welt des Geistes und Staunens. Für Kinder ab 8 Jahren.

Regiatrex-Verlag
Vorarlbergerstraße 13, 88212 Ravensburg

Jesus Christus ist unsere Mitte

ISBN 3-928080-01-6

152 S. gebunden 22€/40SFr

Großformat 30,5 x 21,5 cm

Echte Meditation ist mehr als Entspannung. Sie kann Kraft schöpfen und Probleme lösen, geistige und körperliche Wunden heilen. Neben einer ausführlichen und sehr gut verständlichen Anleitung zur Meditation für Erwachsene und Kinder beantwortet dieses Buch viele Lebensfragen. Es ist prächtig ausgestattet und lädt mit seinen 55 vielfach ganzseitigen Farbbildern zum Verweilen und Ausruhen ein. Es gelingt Ihnen, wieder Halt zu finden in einer Welt, die einen oft genug durchschüttelt. Stress, Ratlosigkeit und Unzufriedenheit lassen sich umwandeln in Ruhe, Geborgenheit und tiefen inneren Frieden. Lassen Sie sich gefangen nehmen von der Botschaft und der Ausstrahlung dieses wundervollen Buches - und lernen Sie ein zufriedenes Leben kennen.

Säure - aus biologischer Sicht *ISBN 3-928080-04-0*

Zähne - aus biologischer Sicht *ISBN 3-928080-03-2*

Beide Broschüren mit jeweils 24 Seiten 4.-€/8.-SFr. Krankheit muss nicht sein, vor allem trifft sie einen nie zufällig. Jede Krankheit hat eine Ursache und heute meist mehrere. Einige davon sind in unseren beiden Broschüren beschrieben, nebst Abhilfe und konkreten Anleitungen.

Sollten Sie die Broschüren oder ein anderes Buch in ihrer Buchhandlung nicht erhalten, dann können Sie es direkt beim Verlag bestellen.